ÉMILE ZOLA

I0153931

LES MYSTÈRES

DE

MARSEILLE

ROMAN HISTORIQUE CONTEMPORAIN

PREMIÈRE PARTIE

MARSEILLE

IMP. NOUVELLE A. ARNAUD, RUE VACON, 21.

1867.

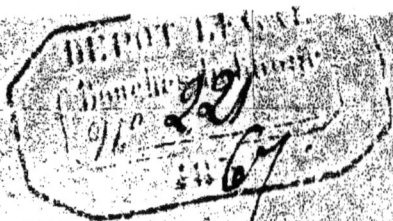

LES MYSTÈRES

DE

MARSEILLE.

Y 2

74849

ÉMILE ZOLA.

LES MYSTÈRES

DE

MARSEILLE

ROMAN HISTORIQUE CONTEMPORAIN

BIBLIOTHÈQUE IMPÉRIALE IMPR.

MARSEILLE

IMP. NOUVELLE A. ARNAUD, RUE VACON, 21.

1867.

PRÉFACE

Les Mystères de Marseille sont un roman historique contemporain.

J'ai pris dans la vie réelle tous les faits qu'ils contiennent ; j'ai choisi çà et là les documents nécessaires, j'ai rassemblé en une seule histoire vingt histoires de source et de nature différentes, j'ai donné à un personnage les traits de plusieurs individus qu'il m'a été permis de connaître et d'étudier. C'est ainsi que j'ai pu écrire un ouvrage où tout est vrai, où tout a été observé sur nature.

Mais je n'ai jamais eu la pensée de suivre l'histoire pas à pas. Je suis romancier avant tout, je n'accepte pas la grave responsabilité de l'historien, qui ne peut déranger un fait ni changer un caractère, sans encourir le terrible reproche de calomniateur.

Je me suis servi à ma guise d'évènements réels qui sont, pour ainsi dire, tombés dans le domaine public. Libre aux lecteurs de remonter aux documents que j'ai mis en œuvre. Quant à moi, je déclare à l'avance que mes personnages ne sont pas les portraits de telles ou telles personnes ; ces personnages sont des types, et non des individus. De même pour les faits : j'ai donné à des faits réels des conséquence qu'ils n'ont peut-être pas eues dans la réalité ; de sorte que l'œuvre qu'on va lire, écrite à l'aide de plusieurs histoires vraies, est devenue une œuvre d'imagination, historique dans ses épisodes, inventée à plaisir dans son ensemble.

Je ne puis empêcher le public de chercher des visages sous les masques, je ne puis lui défendre de reconnaître en partie certains évènements, mais je donne ma parole d'homme que je n'ai cherché à faire aucune personnalité, et je pense que cette déclaration suffira pour mettre ma dignité d'écrivain à l'abri des méchantes suppositions.

LES MYSTÈRES

DE

MARSEILLE.

I

Comme quoi Blanche de Cazalis s'enfuit avec Philippe Cayol.

Vers la fin du mois de mai 184*, un homme, d'une trentaine d'années, marchait rapidement dans un sentier du quartier St-Joseph, près des Aygalades. Il avait confié son cheval au méger d'une campagne voisine, et il se dirigeait vers une grande maison carrée, solidement bâtie, sorte de château campagnard comme on en trouve beaucoup sur les coteaux de la Provence.

Il fit un détour pour éviter le château et alla s'asseoir au fond d'un bois de pins qui s'étendait derrière l'habitation. Là, écartant les branches, inquiet et fièvreux, il interrogea les sentiers du regard, semblant attendre quelqu'un avec impatience. Par moments, il se levait, faisait quelques pas, puis s'asseyait de nouveau en frémissant.

Cet homme, haut de taille et de tournure étrange, portait de larges favoris noirs. Son visage allongé, creusé de traits énergiques, avait une sorte de beauté violente et emportée. Et, brusquement, ses yeux s'adoucirent, ses lèvres fortes et épaisses eurent un sourire tendre. Une jeune fille venait de sortir du château, et, se courbant comme pour se cacher, elle accourait vers le bois de pins.

Hâletante, toute rose, elle arriva sous les arbres. Elle avait à peine seize ans. Au milieu des rubans bleus de son chapeau de paille, son jeune visage souriait, d'un air joyeux et effarouché. Ses cheveux blonds tombaient sur ses épaules ; ses petites mains, appuyées contre sa poitrine, tâchaient de calmer les bonds de son cœur.

— Comme vous vous faites attendre, Blanche, dit le jeune homme. Je n'espérais plus vous voir.

Et il la fit asseoir à son côté, sur la mousse.

— Pardonnez-moi, Philippe, répondit la jeune fille. Mon oncle est allé à Aix pour acheter une propriété ; mais je ne pouvais me débarrasser de ma gouvernante.

Elle s'abandonna à l'étreinte de celui qu'elle aimait, et les deux amoureux eurent une de ces longues causeries, si niaises et si douces. Blanche était une grande enfant qui jouait avec son amant comme elle aurait joué avec une poupée ; Philippe, ardent et muet, serrait et regardait la jeune fille avec tous les emportements de l'ambition et de la passion.

Et, comme ils étaient-là, oubliant le monde, ils aperçurent, en levant la tête, des paysans qui suivaient le sentier voisin et qui les regardaient en riant. Blanche effrayée s'éloigna de son amant.

— Je suis perdue, dit-elle toute pâle. Ces hommes vont avertir mon oncle. Ah ! par pitié, sauvez-moi, Philippe.

A ce cri, le jeune homme se leva d'un mouvement brusque.

— Si vous voulez que je vous sauve, répondit-il avec feu, il faut que vous me suiviez. Venez, fuyons ensemble. Demain, votre oncle consentira à notre mariage... Nous contenterons éternellement nos tendresses.

— Fuir, fuir... répétait l'enfant. Ah ! je ne m'en sens pas le courage. Je suis trop faible, trop craintive...

— Je te soutiendrai, Blanche... Nous vivrons une vie d'amour.

Blanche, sans entendre, sans répondre, laissa aller sa tête sur l'épaule de Philippe.

— Oh ! j'ai peur, j'ai peur du couvent, reprit-elle à voix basse... Tu m'épouseras, tu m'aimeras toujours ?

— Je t'aime... Vois, je suis à genoux.

Alors, fermant les yeux, s'abandonnant au gouffre, Blanche descendit le coteau en courant, au bras de Philippe. Comme elle s'éloignait, elle regarda une dernière fois la maison qu'elle quittait, et une émotion poignante lui mit de grosses larmes dans les yeux.

Une minute d'égarement et d'épouvante avait suffi pour la jeter dans les bras de son amant, brisée et confiante. Elle aimait Philippe de toutes les premières ardeurs de son jeune sang et de toutes les folies de son inexpérience. Elle s'échappait comme une pensionnaire ; elle s'en allait volontairement, sans réfléchir aux terribles conséquences de sa fuite. Et Philippe l'emmenait, ivre de sa victoire, frémissant de la sentir marcher et hâleter à son coté.

Le jeune homme voulait courir à Marseille pour se procurer un fiacre. Mais il craignit de laisser Blanche seule sur la grande route, et il préféra aller à pied avec elle jusqu'à la campagne de sa mère. Ils se trouvaient à une grande lieue de cette campagne, située au quartier de Saint-Just.

Philippe dut abandonner son cheval, et les deux amants se mirent bravement en marche. Ils traversèrent des prairies, des terres labourées, des bois de pins, coupant à travers champs, marchant à grands pas. Il était environ quatre heures. Le soleil, d'un blond ardent, jetait devant eux de larges nappes de lumière. Et ils couraient dans l'air tiède, sous les ardeurs du ciel bleu, poussés en avant par la folie qui les mordait au cœur. Lorsqu'ils passaient, les paysans levaient la tête et les regardaient fuir avec étonnement.

Ils ne mirent pas une heure pour arriver à la campagne de la mère de Philippe. Blanche, exténuée, s'assit sur un banc de pierre qui se trouvait à la porte, tandis que le jeune homme était allé écarter les importuns. Puis il revint et fit monter la jeune fille dans sa chambre. Il avait prié Ayasse, un jardinier que sa mère occupait ce jour-là, d'aller chercher un fiacre à Marseille.

Les deux amants étaient dans la fièvre de leur fuite. En attendant le fiacre, ils restèrent muets et anxieux. Philippe avait fait asseoir Blanche sur une petite chaise ; à genoux devant elle, il la regardait longuement, il la rassurait en baisant avec douceur la main qu'elle lui abandonnait.

— Tu ne peux garder cette robe légère, lui dit-il enfin... Veux-tu t'habiller en homme ?

Blanche sourit. Elle éprouvait une joie d'enfant à la pensée de se déguiser.

— Mon frère est de petite taille, continua Philippe. Tu vas mettre ses vêtements.

Ce fut une fête. La jeune fille passa le pantalon en riant. Elle était d'une gaucherie charmante, et Philippe baisait avidement la rougeur de ses joues. Quand elle fut habillée, elle avait l'air d'un petit homme, d'un gamin de douze ans. Elle eut toutes les peines du monde à faire tenir le flot de ses cheveux dans le chapeau. Et les mains de son amant tremblaient en ramenant les boucles rebelles.

Ayasse revint enfin avec le fiacre. Il consentit à recevoir les deux fugitifs dans son domicile situé à Saint-Barnabé. Philippe prit tout l'argent qu'il possédait, et tous trois ils quittèrent la campagne et montèrent en voiture.

Ils firent arrêter le fiacre au pont du Jarret, et gagnèrent à pied la demeure d'Ayasse. Philippe avait résolu de passer la nuit dans cette retraite.

Le crépuscule était venu. Des ombres transparentes tombaient du ciel pâle, et d'âcres odeurs montaient de la terre, chaude encore des derniers rayons. Alors une vague crainte s'empara de Blanche. Lorsque, à la nuit naissante, dans les voluptés du soir, elle se trouva seule, entre les bras de son amant, toutes ses pudeurs effrayées de jeune fille s'éveillèrent, et elle frissonna, prise d'un malaise inconnu. Elle s'abandonnait, elle était heureuse et épouvantée de se trouver livrée toute entière à la passion fougueuse de Philippe. Elle défaillait, elle voulait gagner du temps.

— Ecoute, dit-elle, je vais écrire à l'abbé Chastanier, mon confesseur... Il ira voir mon oncle, il obtiendra de lui mon pardon, il le décidera peut-être à nous marier ensemble... Il me semble que je tremblerais moins si j'étais ta femme.

Philippe sourit de la naïveté tendre de cette dernière phrase.

— Ecris à l'abbé Chastanier, répondit-il. Moi, je vais faire connaître notre retraite à mon frère. Il viendra demain et portera ta lettre.

Puis, la nuit se fit, tiède et voluptueuse. Et devant Dieu, Blanche devint l'épouse de Philippe. Elle s'était livrée d'elle-même, elle n'avait pas eu un cri de révolte, elle péchait par ignorance, comme Philippe péchait par ambition et par passion. Ah ! la douce et terrible nuit ! elle devait frapper les deux amants de misère et leur donner toute une existence de souffrance et de regrets.

Ce fut ainsi que Blanche de Cazalis s'enfuit avec Philippe Cayol, par une claire soirée de mai.

II

Où l'on fait connaissance du héros,

Marius Cayol.

Marius Cayol, le frère de l'amant de Blanche, avait environ vingt-cinq ans. Il était petit, maigre, d'allure chétive. Son visage jaune clair, percé d'yeux noirs, longs et minces, s'éclairait par moments d'un bon sourire de dévouement et de résignation. Il marchait un peu courbé, avec des hésitations et des timidités d'enfant. Et, lorsque la haine du mal, l'amour du juste le redressaient, il devenait presque beau.

Il avait pris toute la tâche pénible, dans la famille, laissant son frère obéir à ses instincts ambitieux et passionnés. Il se faisait tout petit à côté de lui, il disait d'ordinaire qu'il était laid et qu'il devait rester dans sa laideur ; il ajoutait qu'il fallait excuser Philippe d'aimer à étaler sa haute taille et la beauté forte de son visage. D'ailleurs, à l'occasion, il se montrait sévère pour ce grand enfant fougueux qui était son aîné et qu'il traitait avec des remontrances et des tendresses de père.

Leur mère, restée veuve, n'avait pas de fortune. Elle vivait difficilement avec les débris d'une dot que son mari avait compromise dans le commerce. Cet argent, placé chez un banquier, lui donnait de petites rentes qui lui suffirent pour élever ses deux fils. Mais, lorsque les enfants furent devenus grands, elle leur montra ses mains vides, elle les mit en face des difficultés de la vie.

Et les deux frères, jetés ainsi dans les luttes de l'existence, poussés par leurs tempéraments différents, prirent deux routes opposées.

Philippe, qui avait des appétits de richesse et de liberté, ne put se plier au travail. Il voulait arriver d'un seul coup à la fortune, il rêva de faire un riche mariage. C'était là, selon lui, un excellent expédient, un moyen

rapide d'avoir des rentes et une jolie femme.
Alors, il vécut au soleil, il se fit amoureux, il
devint même un peu viveur. Il éprouvait des
jouissances infinies à être bien mis, à promener dans Marseille sa brusquerie élégante,
ses vêtements d'une coupe originale, ses regards et ses paroles d'amour. Sa mère et son
frère qui le gâtaient, tâchaient de fournir à
ses caprices. D'ailleurs, Philippe était de bonne
foi : il adorait les femmes, il lui semblait
tout naturel d'être aimé et enlevé un beau
jour par une jeune fille noble, riche et belle.

Marius, tandis que son frère étalait sa
bonne mine, était entré en qualité de commis
chez M. Martelly, un armateur qui demeurait
rue de la Darse. Il se trouvait à l'aise dans
l'ombre de son bureau; toute son ambition
consistait à gagner une modeste aisance, à
vivre ignoré et paisible. Puis il éprouvait des
voluptés secrètes, lorsqu'il secourait sa mère
ou son frère. L'argent qu'il gagnait lui était
cher, car il pouvait donner cet argent, faire
des heureux, goûter lui-même les bonheurs
profonds du dévouement. Il avait pris dans
la vie la route droite, le sentier pénible qui
monte à la paix, à la joie, à la dignité.

Il se rendait à son bureau, lorsqu'on
lui remit la lettre dans laquelle son frère
lui annonçait sa fuite avec mademoiselle
de Cazalis. Il fut pris d'un étonnement dou-

loureux ; il mesura d'un coup d'œil l'abîme au fond duquel venaient de se jeter les deux amants. Il se rendit en toute hâte à Saint-Barnabé.

La maison du jardinier Ayasse avait, devant la porte, une treille qui formait un petit berceau ; deux gros mûriers, taillés en parasol, étendaient leurs branches noueuses et jetaient leur ombre sur le seuil. Marius trouva Philippe sous la treille, regardant avec inquiétude et amour Blanche de Cazalis assise à côté de lui ; la jeune fille, déjà lasse, était plongée dans les accablements des premiers soucis et des premières voluptés.

L'entrevue fut pénible, pleine d'angoisse et de honte. Philippe s'était levé.

— Tu me blâmes ? demanda-t-il en tendant la main à son frère.

— Oui, je te blâme, répondit Marius avec force. Tu as fait là une méchante action. L'orgueil t'a emporté, la passion t'a perdu. Tu n'as pas réfléchi aux malheurs que tu vas attirer sur les tiens et sur toi.

Philippe eut un mouvement de révolte.

— Tu as peur, dit-il amèrement. Moi, je n'ai pas calculé ; j'aimais Blanche, Blanche m'aimait. Je lui ai dit : « Veux-tu venir avec moi ? » Et elle est venue. Voilà notre histoire. Nous ne sommes coupables ni l'un ni l'autre.

— Pourquoi mens-tu ? reprit Marius avec
une sévérité plus haute. Tu n'es pas un enfant. Tu sais bien que ton devoir était de défendre cette jeune fille contre elle-même ; tu
devais l'arrêter au bord du gouffre, l'empêcher de te suivre. Ah ! ne me parle pas de
passion. Moi je ne connais que la passion de
la justice et de l'honneur.

Philippe souriait dédaigneusement. Il at-
tira Blanche sur sa poitrine.

— Mon pauvre Marius, dit-il, tu es un
brave garçon, mais tu n'as jamais aimé, tu
ignores la fièvre d'amour... Voici ma défense.

Et il se laissa embrasser par Blanche qui
se tenait à lui avec des frémissements. La
malheureuse enfant sentait bien qu'elle n'a-
vait plus d'espoir qu'en cet homme. Elle s'é-
tait livrée, elle lui appartenait, elle le
suivait comme son souverain maître. Et,
maintenant, elle l'aimait presque en esclave,
elle rampait vers lui, amoureuse et craintive.

Marius, désespéré, comprit qu'il ne gagnerait rien en parlant sagesse aux deux amants.
Il se promit d'agir par lui-même, il voulut
connaître tous les faits de la désolante aventure. Philippe répondit docilement à ses
questions.

— Il y a près de huit mois que je connais
Blanche, dit-il. Je l'ai vue la première fois

dans une fête publique. Elle souriait à la foule, et il me sembla que son sourire s'adressait à moi. Depuis ce jour, je l'ai aimée, j'ai cherché toutes les occasions de me rapprocher d'elle, de lui parler.

— Ne lui as-tu pas écrit ? demanda Marius.

— Si, plusieurs fois.

— Où sont tes lettres ?

— Elle les a brûlées... Chaque fois, j'achetais un bouquet à Fine, la bouquetière du cours Saint-Louis, et je glissais ma lettre au milieu des fleurs. La laitière Marguerite portait les bouquets à Blanche.

— Et tes lettres restaient sans réponse ?

— Dans les commencements, Blanche a refusé les fleurs. Puis elle les a acceptées ; puis elle a fini par me répondre. J'étais fou d'amour. Je rêvais d'épouser Blanche, de l'aimer à jamais.

Marius haussa les épaules. Il entraîna Philippe à quelques pas, et là continua l'entretien avec plus de dureté dans la voix.

—Tu es un imbécile ou un menteur, dit-il tranquillement ; tu sais que M. de Cazalis, député, millionnaire, maître tout-puissant dans Marseille, n'aurait jamais donné sa nièce à Philippe Cayol, pauvre, sans titre, et républicain pour comble de vulgarité. Avoue que tu as compté sur le scandale de votre fuite pour forcer la main à l'oncle de Blanche.

— Et quand cela serait ! répondit Philippe avec fougue. Blanche m'aime, je n'ai pas violenté sa volonté. Elle m'a librement choisi pour mari.

— Oui, oui, je sais cela. Tu le répètes trop souvent pour que je ne sache pas ce que je dois en croire. Mais tu n'as pas songé à la colère de M. de Cazalis ; cette colère va retomber terriblement sur toi et ta famille. Je connais l'homme ; ce soir, il aura promené son orgueil outragé dans tout Marseille. Le mieux serait de reconduire la jeune fille à Saint-Joseph.

— Non, je ne le veux pas, je ne le peux pas... Blanche n'oserait jamais rentrer chez elle... Elle était à la campagne depuis une semaine à peine ; je la voyais jusqu'à deux fois par jour dans un petit bois de pins ; nous jouissions en paix de la liberté des champs. Son oncle ne savait rien, et le coup a dû être rude pour lui... Nous ne pouvons nous présenter en ce moment...

— Eh bien ! écoute, donne-moi la lettre pour l'abbé Chastanier. Je verrai ce prêtre ; s'il le faut, j'irai avec lui chez M. de Cazalis. Nous devons étouffer le scandale. J'ai une tâche à accomplir, la tâche de racheter ta faute... Jure-moi que tu ne quitteras pas cette maison, que tu attendras ici mes ordres, mes prières.

— Je te promets d'attendre, si aucun danger ne me menace.

Marius avait pris la main de Philippe et la regardait en face, loyalement.

— Aime bien cette enfant, lui dit-il, d'une voix profonde, en lui montrant Blanche ; tu ne répareras jamais l'injure que tu lui as faite.

Il allait s'éloigner, lorsque mademoiselle de Cazalis s'avança. Elle joignait les mains, suppliante, étouffant ses larmes.

— Monsieur, balbutia-t-elle, si vous voyez mon oncle, dites-lui bien que je l'aime... Je ne m'explique pas ce qui est arrivé... Je voudrais rester la femme de Philippe et retourner chez nous avec lui.

Marius s'inclina doucement.

— Espérez, dit-il.

Et il s'en alla, ému et troublé, sachant qu'il mentait et que l'espérance était folle.

III

Il y a des valets dans l'Eglise.

———————

Marius, en arrivant à Marseille, courut à l'église Saint-Victor, à laquelle était attaché l'abbé Chastanier. Saint-Victor est une des plus vieilles églises de Marseille ; ses murailles noires, hautes et crenelées, la font ressembler à un château-fort ; on la dirait bâtie largement à coups de cognée par le peuple rude du port, qui a pour elle une vénération toute particulière.

Le jeune homme trouva l'abbé Chastanier dans la sacristie. Ce prêtre était un grand vieillard, à la figure longue et décharnée, d'une pâleur de cire ; ses yeux, tristes et hum-

bles, avaient la fixité vague de la souffrance
et de la misère. Il revenait d'un enterrement
et ôtait son surplis avec lenteur.

Son histoire était courte et douloureuse.
Fils de paysans, d'une douceur et d'une
naïveté d'enfant, il était entré dans les ordres,
poussé par les désirs pieux de sa mère. Pour
lui, en se faisant prêtre, il avait voulu faire
un acte d'humilité, de dévouement absolu. Il
croyait, en simple d'esprit, qu'un ministre
de Dieu doit se renfermer dans l'infini de
'amour divin, renoncer aux ambitions et aux
intrigues de ce monde, vivre au fond du
sanctuaire, pardonnant les péchés d'une
main et faisant l'aumône de l'autre.

Ah! le pauvre abbé, et comme on lui montra que les simples d'esprit ne sont bons qu'à
souffrir et à rester dans l'ombre! Il apprit
vite que l'ambition est une vertu sacerdotale,
et que les jeunes prêtres aiment souvent Dieu
pour les faveurs mondaines que distribue son
Église. Il vit tous ses camarades du séminaire
jouer des griffes et des dents et arracher çà et
là des lambeaux de soie et de dentelle. Il
assista à ces luttes intimes, à ces intrigues
secrètes qui font d'un diocèse un petit royau-
me turbulent. Et, comme il demeurait humblement à genoux, comme il ne cherchait pas
à plaire aux dames, comme il ne demandait
rien et paraissait d'une piété stupide. on lui

jeta une cure misérable, ainsi qu'on jette un os à un chien.

Il resta ainsi plus de quarante ans dans un petit village situé entre Aubagne et Cassis. Son église était une sorte de grange, blanchie à la chaux, d'une nudité glaciale ; l'hiver, lorsque le vent brisait une des vitres des fenêtres, le bon Dieu avait froid pendant plusieurs semaines, car le pauvre curé ne possédait pas toujours les quelques sous nécessaires pour faire remettre le carreau. D'ailleurs, il ne se plaignit jamais, il vécut en paix dans la misère et la solitude ; il éprouva même des joies profondes à souffrir, à se sentir le frère des mendiants de sa paroisse.

Il avait soixante ans, lorsqu'une de ses sœurs, qui était ouvrière à Marseille, devint infirme. Elle lui écrivit, elle le supplia de venir auprès d'elle. Le vieux prêtre se dévoua jusqu'à demander à son évêque un petit coin dans une église de la ville. On lui fit attendre ce petit coin pendant plusieurs mois et l'on finit par l'appeler à Saint-Victor. Il devait y faire, pour ainsi dire, tous les gros ouvrages, toutes les besognes de peu d'éclat et de peu de profit. Il priait sur les bières des pauvres et les conduisait au cimetière ; il servait même de sacristain à l'occasion.

Ce fut alors qu'il commença à souffrir réellement. Tant qu'il était resté dans son désert,

il avait pu être simple, pauvre et vieux à son
aise. Maintenant, il sentait qu'on lui faisait
un crime de sa pauvreté et de sa vieillesse, de
sa douceur et de sa naïveté. Et il eut le cœur
déchiré, lorsqu'il comprit qu'il pouvait y avoir
des valets dans l'Eglise. Il voyait bien qu'on le
regardait avec moquerie et pitié. Il courbait
la tête davantage, il se faisait plus humble, il
pleurait de sentir sa foi ébranlée par les actes
et les paroles des prêtres mondains qui l'entouraient.

Heureusement, le soir, il avait de bonnes
heures. Il soignait sa sœur, il se consolait à
sa manière en se dévouant. Il entourait cette
pauvre infirme de mille petites satisfactions.
Il venait se réfugier auprès d'elle, et s'anéan-
tissait dans cette dernière tendresse. Puis, une
autre joie lui était venue : M. de Cazalis, qui
se méfiait des jeunes abbés, l'avait choisi pour
être le directeur de sa nièce. Le vieux prêtre
ne tentait d'ordinaire aucune pénitente et ne
confessait presque jamais ; il fut ému aux
larmes de la proposition du député, et il
interrogea, il aima Blanche comme son enfant.

Marius lui remit la lettre de la jeune fille
et étudia sur son visage les émotions que cette
lettre allait exciter en lui. Il y vit se peindre
une douleur poignante. D'ailleurs, le prêtre
ne parut pas éprouver cette stupeur que cause

une nouvelle accablante et inattendue, et
Marius pensa que Blanche, en se confessant à
lui, avait avoué les relations qui s'établissaient
entre elle et Philippe.

— Vous avez bien fait de compter sur moi,
Monsieur, dit l'abbé Chastanier à Marius.
Mais je suis bien faible et bien mal habile...
J'aurais dû montrer plus d'énergie.

La tête et les mains du pauvre homme
avaient ce tremblement doux et triste des
vieillards.

— Je suis à votre disposition, continua-t-
il... Comment puis-je venir en aide à la malheureuse enfant ?

— Monsieur, répondit Marius, je suis le
frère du jeune fou qui s'est enfui avec mademoiselle de Cazalis, et j'ai juré de réparer la
faute, d'étouffer le scandale. Veuillez vous
joindre à moi.... L'honneur de la jeune fille
est perdu, si son oncle a déjà déféré l'affaire à
la justice. Allez le trouver, tâchez de calmer
sa colère, dites-lui que sa nièce va lui être
rendue.

— Pourquoi n'avez-vous pas amené l'enfant avec vous ? Je connais la violence de M.
de Cazalis ; il voudra des certitudes.

— C'est justement cette violence qui a
effrayé mon frère... D'ailleurs, nous ne pouvons raisonner maintenant. Les faits accom-
plis nous accablent. Croyez que je suis indi-

gné comme vous, que je comprends toute la
mauvaise action de mon frère... Mais, par
grâce, hâtons-nous. Nous parlerons ensuite
de justice et d'honneur.

— C'est bien, dit simplement l'abbé. Je
vais avec vous.

Ils suivirent le boulevard de la Corderie et
arrivèrent au Cours Bonaparte, où se trouvait
la maison de ville du député. M. de Cazalis,
le lendemain de l'enlèvement, était rentré à
Marseille, dès le matin, en proie à une colère
et à un désespoir terribles.

L'abbé Chastanier arrêta Marius à la porte
de la maison.

— Ne montez pas, lui dit-il. Votre visite
serait peut-être regardée comme une insulte.
Laissez-moi faire et attendez-moi.

Marius, pendant une grande heure, se pro-
mena avec fièvre sur le trottoir. Il eut voulu
monter, expliquer lui-même les faits, demander pardon au nom de Philippe. Tandis que
le malheur de sa famille s'agitait dans cette
maison, il devait rester là, oisif et impatient,
dans toutes les angoisses de l'attente.

Enfin l'abbé Chastanier descendit. Il avait
pleuré ; ses yeux étaient rouges, ses lèvres
tremblantes.

— M. de Cazalis ne veut rien entendre,
dit-il d'une voix troublée. Je l'ai trouvé dans

une irritation aveugle. Il est déjà allé chez le
procureur du roi.

Ce que le pauvre prêtre ne disait pas, c'est
que M. de Cazalis l'avait reçu avec les reproches les plus durs, calmant sa colère sur lui,
l'accusant, dans son emportement, d'avoir
donné de mauvais conseils à sa nièce. L'abbé
avait courbé le dos ; il s'était presque mis à
genoux, ne se défendant point, demandant pitié pour autrui.

— Dites-moi tout, s'écria Marius désespéré.

— Il paraît, répondit le prêtre, que le
paysan chez lequel votre frère avait laissé son
cheval, a guidé M. de Cazalis dans ses recherches. Dès ce matin, une plainte a été dé-
posée, et des perquisitions ont été faites à
votre domicile, rue Sainte, et à la campagne
de votre mère, au quartier de Saint-Just.

— Mon Dieu, mon Dieu, soupira Marius.

— M. de Cazalis jure qu'il écrasera votre
famille. J'ai vainement tâché de le ramener à
des sentiments plus doux. Il parle de faire
arrêter votre mère...

— Ma mère !... Et pourquoi ?

— Il prétend qu'elle est complice, qu'elle a
aidé votre frère à enlever mademoiselle Blanche.

— Mais que faire, comment prouver la

fausseté de tout cela !... Ah ! malheureux Philippe ! Notre mère en mourra.

Et Marius se mit à sangloter dans ses mains jointes. L'abbé Chastanier regardait ce désespoir avec une pitié attendrie ; il comprenait la tendresse et la droiture de ce pauvre garçon qui pleurait ainsi en pleine rue.

— Voyons, dit-il, du courage, mon enfant.

— Vous avez raison, mon père, s'écria Marius, c'est du courage que je dois avoir. J'ai été lâche, ce matin. J'aurais dû arracher la jeune fille des bras de Philippe et la ramener à son oncle. Une voix me disait d'accomplir cet acte de justice, et je suis puni pour ne pas avoir écouté cette voix... Ils m'ont parlé d'amour, de passion, de mariage. Je me suis laissé attendrir...

Ils gardèrent un moment le silence.

— Ecoutez, dit brusquement Marius, venez avec moi. A nous deux, nous aurons la force de les séparer.

— Je veux bien, répondit l'abbé Chastanier.

Et, sans même songer à prendre une voiture, ils suivirent la rue de Breteuil, le quai du Canal, le quai Napoléon, et remontèrent la Cannebière. Ils marchaient à grands pas, sans parler.

Comme ils arrivaient au Cours Saint-Louis, une voix fraîche leur fit tourner la tête. C'était Fine, la bouquetière, qui appelait Marius.

Joséphine Cougourdan, que l'on appelait familièrement du diminutif caressant de Fine, était une de ces brunes enfants de Marseille, petites et potelées, dont les traits fins et réguliers ont gardé toute la pureté délicate du type grec. Sa tête ronde s'attachait sur des épaules un peu tombantes; son visage pâle entre les bandeaux de ses cheveux noirs, exprimait une sorte de moquerie dédaigneuse; on lisait une énergie passionnée dans ses grands yeux sombres, que le sourire attendrissait par moments. Elle pouvait avoir vingt-deux à vingt-quatre ans.

A quinze ans, elle était restée orpheline, ayant à sa charge un frère, âgé au plus d'une dizaine d'années. Elle avait bravement continué le métier de sa mère, et, trois jours après l'enterrement, encore tout en larmes, elle était assise dans un kiosque du cours Saint-Louis, faisant et vendant des bouquets en poussant de gros soupirs.

La petite bouquetière devint bientôt l'enfant gâtée de Marseille. Elle eut la popularité de la jeunesse et de la grâce. Ses fleurs, disait-on, avaient un parfum plus doux et plus pénétrant. Les galants vinrent à la file; elle leur vendit ses roses, ses violettes, ses œillets, et rien de plus. Et c'est ainsi qu'elle put éle-

ver son frère Cadet et le faire entrer, à dix-
huit ans, chez un maître portefaix.

Les deux jeunes gens demeuraient place
aux Œufs, en plein quartier populaire. Cadet était maintenant un grand gaillard qui
travaillait sur le port; Fine, grandie, em-
bellie, devenue femme, avait l'allure vive et
la câlinerie nonchalante des marseillaises, et
régnait, par sa beauté, sur toutes les filles du
peuple, ses compagnes.

Elle connaissait les Cayol pour leur avoir
vendu des fleurs, et elle leur parlait avec
cette familiarité tendre que donnent l'air
tiède et le doux idiome de la Provence. Puis,
s'il faut tout dire, Philippe, dans les derniers temps, lui avait si souvent acheté des
roses, qu'elle avait fini par éprouver de petits
frissons en sa présence. Le jeune homme,
amoureux d'instinct, riait avec elle, la regardait à la faire rougir, lui faisait en courant un bout de déclaration, le tout pour ne
pas perdre l'habitude d'aimer. Et la pauvre
enfant, qui jusque-là avait fort maltraité les
amants, s'était laissée prendre à ce jeu. La
nuit, elle rêvait de Philippe, elle se demandait avec angoisse où pouvaient bien aller
toutes ces fleurs qu'elle lui vendait.

Marius, lorsqu'il se fut avancé, la trouva
rouge et troublée. Elle disparaissait à moitié
derrière ses bouquets. Elle était adorable de

fraîcheur sous les larges barbes de son petit bonnet de dentelle.

— Monsieur Marius, dit-elle d'une voix hésitante, est-ce bien vrai ce que l'on répète autour de moi depuis ce matin?... Votre frère s'est enfui avec une demoiselle?

— Qui dit cela? demanda Marius vivement.

— Mais tout le monde... C'est un bruit qui court.

Et comme le jeune homme paraissait aussi troublé qu'elle et qu'il restait là sans parler :

— On m'avait bien dit que M. Philippe était un coureur, continua Fine avec une légère amertume. Il avait la parole trop douce pour ne pas mentir.

Elle était près de pleurer, elle étouffait ses larmes. Puis, avec une résignation douloureuse, d'un ton plus doux :

— Je vois bien que vous avez de la peine, ajouta-t-elle... Si vous avez besoin de moi, venez me chercher.

Marius la regarda en face et crut comprendre les angoisses de son cœur.

— Vous êtes une brave fille, s'écria-t-il... Je vous remercie, j'accepterai peut-être vos services.

Il lui serra la main avec force, comme à un camarade, et courut rejoindre l'abbé

Chastanier, qui l'attendait sur le bord du trottoir.

— Nous n'avons pas de temps à perdre, lui dit-il. Le bruit de l'aventure se répand dans Marseille... Prenons un fiacre.

La nuit était venue, lorsqu'ils arrivèrent à Saint-Barnabé. Ils ne trouvèrent que la femme du jardinier Ayasse, tricotant dans une salle basse. Cette femme leur apprit tranquillement que le monsieur et la demoiselle avaient eu peur et qu'ils étaient partis à pied du côté d'Aix. Elle ajouta qu'ils avaient emmené son fils pour leur servir de guide dans les collines.

Ainsi, la dernière espérance était morte. Marius, anéanti, revint à Marseille, sans entendre les paroles d'encouragement de l'abbé Chastanier. Il songeait aux fatales conséquences de la folie de Philippe, il se révoltait contre les malheurs qui allaient frapper sa famille.

— Mon enfant, lui dit le prêtre en le quittant, je ne suis qu'un pauvre homme. Disposez de moi. Je vais prier Dieu.

IV.

Comment M. de Cazalis vengea le déshonneur de sa nièce.

—

Les amants s'étaient enfuis un mercredi. Le vendredi suivant, tout Marseille connaissait l'aventure ; les commères, sur les portes, ornaient le récit des commentaires les plus inouïs ; la noblesse s'indignait, la bourgeoisie faisait des gorges chaudes. M. de Cazalis, dans son emportement, n'avait rien négligé pour augmenter le tapage et faire de la fuite de sa nièce un effroyable scandale.

Les gens clairvoyants devinaient aisément d'où venait toute cette colère. M. de Cazalis, député de l'opposition, avait été nommé à Marseille par une majorité composée des républicains, des prêtres et des nobles. Dévoué à la cause de la légitimité, portant un des plus anciens noms de Provence, s'inclinant humblement devant la toute-puissance de l'Eglise, il avait éprouvé des répugnances profondes à flatter les libéraux et à accepter leurs voix. Ces gens-là étaient pour lui des manants, des valets, qu'on aurait dû fouetter en place publique. Son orgueil indomptable souffrait à la pensée de descendre jusqu'à eux.

Il avait pourtant fallu plier la tête. Les républicains firent sonner haut leurs services; un instant, comme on feignait de dédaigner leur aide, ils parlèrent d'entraver l'élection, de faire nommer un des leurs. M. de Cazalis, poussé par les circonstances, enferma toute sa haine au fond de son cœur, se promettant bien de se venger un jour. Alors eurent lieu des tripotages sans nom; le clergé se mit en campagne, les votes furent arrachés à droite et à gauche, grâce à mille révérences et à mille promesses. M. de Cazalis fut élu.

Et voilà qu'aujourd'hui Philippe Cayol, un des chefs du parti libéral, tombait entre ses mains. Il allait enfin pouvoir assouvir sa

haine sur un de ces manants qui lui avaient
marchandé son élection. Celui-là paierait
pour tous; sa famille serait ruinée et désespérée ; et lui, on le jetterait dans une prison, on le précipiterait du haut de son rêve
d'amour sur la paille d'un cachot.

Eh quoi ! un petit bourgeois avait osé se
laisser aimer par la nièce d'un Cazalis. Il l'a-
vait emmenée avec lui, et, maintenant, ils
couraient tous deux les chemins, faisant l'é-
cole buissonnière de l'amour. C'était là un
scandale qu'on devait étaler. Un homme de
rien aurait peut-être préféré étouffer l'affaire,
cacher le plus possible la déplorable aventure. Mais un Cazalis, un député, un millionnaire avait assez d'influence et d'orgueil pour
crier tout haut et sans rougir la honte des
siens.

Qu'importait l'honneur d'une jeune fille !
Tout le monde pouvait savoir que Blanche de
Cazalis avait été la maîtresse de Philippe
Cayol, mais personne au moins ne pourrait
dire qu'elle était sa femme, qu'elle s'était mé-
salliée en épousant un pauvre diable sans titre. L'orgueil voulait que l'enfant restât dé-
shonorée et que son déshonneur fut affiché
sur les murs de Marseille.

M. de Cazalis fit coller dans les carrefours
de la ville des placards, par lesquels il pro-
mettait une récompense de dix mille francs à

celui qui lui amènerait sa nièce et le séducteur, pieds et poings liés. Lorsqu'on perd un
chien de race, on le réclame ainsi par la voie
des affiches.

Dans les hautes classes, le scandale s'étendait avec plus de violence encore. M. de Cazalis promenait partout sa fureur. Il mettait en
œuvre toutes les influences de ses amis les
prêtres et les nobles. Comme tuteur de
Blanche, qui était orpheline et dont il gérait
la fortune, il activait les recherches de la justice, il préparait le procès criminel. On eut
dit qu'il prenait à tâche de donner, au spectacle gratis qui allait commencer, la plus large
publicité possible.

Une des premières mesures prises par M. de
Cazalis, avait été de faire arrêter la mère de
Philippe Cayol. Lorsque le procureur du roi
se présenta chez elle, la pauvre dame répondit à toutes ses questions qu'elle ignorait ce
qu'était devenu son fils. Son trouble, ses angoisses, ses craintes de mère qui la firent bal-
butier, furent sans doute considérés comme
des preuves de complicité. On l'emprisonna,
voyant en elle un otage, espérant peut être que
son fils viendrait se rendre pour la délivrer.

A la nouvelle de l'arrestation de sa mère,
Marius devint comme fou. Il la savait de santé
chancelante, il se l'imaginait avec terreur au
fond d'une cellule nue et glaciale ; elle mour-

rait là, elle y serait torturée par toutes les angoisses de la misère et du désespoir.

Marius fut lui-même inquiété pendant un moment. Mais ses réponses fermes et la caution que son patron, l'armateur Martelly, offrit de donner pour lui, le sauvèrent de l'emprisonnement. Il voulait rester libre pour travailler au salut de sa famille.

Peu à peu, son esprit droit vit clairement les faits. Dans le premier moment, il avait été accablé par la culpabilité de Philippe, il n'avait distingué que la faute irréparable de son frère. Et alors il s'était humilié, songeant uniquement à calmer l'oncle de Blanche, à lui donner toutes les satisfactions possibles.

Mais devant la rigueur de M. de Cazalis, devant le scandale qu'il soulevait, Marius s'était révolté. Il avait vu les fugitifs, il savait que Blanche suivait volontairement Philippe, et il s'indignait d'entendre accuser ce dernier de rapt. Les gros mots marchaient bon train autour de lui : son frère était traité de scélérat, d'infâme, sa mère n'était guère plus épargnée. Il en vint, par esprit de vérité, à défendre les amants, à prendre le parti des coupables contre la justice elle-même.

Puis, les plaintes bruyantes de M. de Cazalis l'écœuraient. Il disait que la vraie douleur est plus muette, et qu'une affaire, dans la-

quelle l'honneur d'une jeune fille est en jeu,
ne se vide pas ainsi en pleine place publique.
Et il disait cela, non qu'il eût désiré voir
son frère échapper au châtiment, mais parce
que ses délicatesses étaient froissées de toute
cette publicité donnée à la honte d'une enfant.
D'ailleurs, il savait à quoi s'en tenir sur la
colère de M. de Cazalis : en frappant Philippe, le député frappait le manant, le républicain, plus encore que le séducteur.

C'est ainsi que Marius se sentit à son tour
pris à la gorge par la colère. On l'insultait
dans sa famille, on emprisonnait sa mère, on
traquait son frère comme une bête fauve, on
traînait ses chères affections dans la boue, on
les accusait avec mauvaise foi et passion.
Alors, il se releva. Le coupable n'était plus
seulement l'amant ambitieux qui fuyait avec
une jeune fille riche, le coupable était encore
celui qui ameutait Marseille et qui allait user
de sa toute-puissance pour satisfaire son orgueil. Puisque la justice se chargeait de punir
le premier, Marius jura qu'il punirait tôt ou
tard le second, et qu'en attendant la vengeance, il entraverait ses projets et tâcherait de
balancer ses influences d'homme riche et
titré.

Dès ce moment, il déploya une énergie fébrile, il se voua tout entier au salut de son
frère et de sa mère. Le malheur était qu'il ne

pouvait savoir ce que devenait Philippe. Deux
jours après la fuite, il avait reçu une lettre de
lui, dans laquelle le fugitif le suppliait de lui
envoyer une somme de mille francs, pour sub-
venir aux besoins du voyage. Cette lettre était
datée de Lambesc.

Philippe avait trouvé là une hospitalité de
quelques jours, chez M. de Girousse, un vieil
ami de sa famille. M. de Girousse, fils d'un
ancien membre du parlement d'Aix, était né
en pleine Révolution ; dès son premier souf-
fle, il avait respiré l'air brûlant de 93, et son
sang avait toujours gardé un peu de la fièvre
révolutionnaire. Il se trouvait mal à l'aise,
dans son hôtel situé sur le Cours, à Aix ; la
noblesse de cette ville lui semblait avoir un
orgueil si démesuré, une inertie si déplorable,
qu'il la jugeait sévèrement et préférait vivre
loin d'elle ; son esprit droit, son amour de la
justice et du travail lui avaient fait accepter la
marche fatale des temps, et il offrait volontiers
la main au peuple, il s'accommodait aux nouvelles tendances de la société moderne; il avait
rêvé un instant de créer une usine et de quitter son titre de comte pour prendre le titre
d'industriel. Il sentait qu'il n'y a plus aujour-
d'hui d'autre noblesse que la noblesse du travail et du talent. Aussi préférait-il vivre seul,
loin de ses égaux ; il habitait, pendant la plus
grande partie de l'année, une propriété qu'il

possédait près de la petite ville de Lambesc. C'est là qu'il avait reçu les fugitifs.

Marius fut accablé de la demande de Philippe. Ses économies ne se montaient pas à six cents francs. Il se mit en campagne et chercha inutilement pendant deux jours à emprunter le reste de la somme demandée.

Comme il se désespérait, un matin, il vit entrer Fine chez lui. Il avait confié, la veille, son chagrin à la jeune fille, qu'il rencontrait partout sur ses pas, depuis la fuite de Philippe. Elle lui demandait sans cesse des nouvelles de son frère, elle semblait surtout tenir à savoir si la demoiselle était toujours avec lui.

Fine déposa cinq cents francs sur une table.

— Voilà, dit-elle en rougissant. Vous me rendrez cela plus tard... C'est de l'argent que j'avais mis de côté pour racheter mon frère, s'il tombait au sort.

Marius ne voulait pas accepter.

— Vous me faites perdre du temps, reprit la jeune fille avec une brusquerie charmante... Je retourne vite à mes bouquets. Seulement, si vous le voulez bien, je viendrai tous les matins vous demander des nouvelles.

Et elle s'enfuit. Marius envoya les mille francs. Puis, il n'apprit plus rien, il vécut pendant quinze grands jours dans une ignorance complète des évènements. Il savait qu'on traquait Philippe avec plus d'acharnement que jamais, et c'était tout. D'ailleurs, il ne voulait point croire les versions grotesques ou effrayantes qui couraient dans le public. Il avait bien assez de ses terreurs, sans s'épouvanter des cancans d'une ville.

Jamais il n'avait tant souffert. L'anxiété tendait son esprit à le rompre ; le moindre bruit l'effrayait ; il écoutait sans cesse, comme près d'apprendre quelque mauvaise nouvelle. Il sut que Philippe était allé à Toulon et qu'il avait failli y être arrêté. Les fugitifs, disait-on, étaient ensuite revenus à Aix. Là, leurs traces se perdaient ; avaient-ils tenté de passer la frontière, étaient-ils restés cachés dans les collines. On ne savait.

Marius s'inquiétait d'autant plus qu'il négligeait forcément son travail chez l'armateur Martelly. S'il ne s'était pas senti cloué à son bureau par le devoir, il aurait couru au secours de Philippe, et se serait employé, en personne, à son salut. Mais il n'osait quitter une maison où l'on avait grand besoin de lui. M. Martelly lui témoignait une sympathie toute paternelle. Veuf depuis quelques années, vivant avec une de ses sœurs, âgée de vingt-trois ans, il le considérait comme son fils. Le lendemain du scandale soulevé par M. de Cazalis, l'armateur avait appelé Marius dans son cabinet.

— Ah ! mon ami, lui avait-il dit, voilà une

bien méchante affaire. Votre frère est perdu.
Jamais nous ne serons assez puissants pour
le sauver des conséquences terribles de sa
folie.

M. Martelly appartenait au parti libéral et
s'y faisait même remarquer par une âpreté
toute méridionale. Il avait eu maille à partir
avec M. de Cazalis, il connaissait l'homme.
Sa haute probité, son immense fortune le pla-
çaient au-dessus de toute attaque ; mais il
avait la fierté de son libéralisme, il mettait
une sorte d'orgueil à ne jamais user de sa
puissance. Il conseilla à Marius de rester tranquille, d'attendre les évènements ; il le secon-
derait de tout son pouvoir, lorsque la lutte
serait engagée.

Marius, que la fièvre brûlait, allait se décider à lui demander un congé, lorsque Fine,
un matin, accourut chez lui, tout en pleurs.

— Monsieur Philippe est arrêté, s'écria-t-
elle en sanglotant... On l'a trouvé, avec la
demoiselle, dans un bastidon du quartier des
Trois-bons-Dieu, à une lieue d'Aix.

Et comme Marius, plein de trouble, descendait rapidement pour se faire confirmer la
nouvelle, qui était vraie, Fine, encore baignée
de larmes, eut un sourire triste et dit à voix
basse :

— Au moins la demoiselle n'est plus avec
lui.

V

Où Blanche fait six lieues à pied et voit passer

une procession.

Blanche et Philippe quittèrent la maison
du jardinier Ayasse au crépuscule, vers sept
heures et demie. Dans la journée, ils avaient
vu des gendarmes sur la route ; on leur avait
dit qu'ils seraient arrêtés le soir, et la peur
les chassait de leur première retraite. Philippe mit une blouse de paysan. Blanche
emprunta un costume de fille du peuple à la
femme du méger, une robe d'indienne rouge

à petits bouquets et un tablier rose ; elle se couvrit les seins d'un fichu jaune à carreaux, et posa sur sa coiffe un large chapeau de paille grossière. Le fils de la maison, Victor, un garçon d'une quinzaine d'années, les accompagna pour leur faire gagner à travers champs la route d'Aix.

La soirée était tiède, frissonnante. Des souffles chauds et âpres s'élevaient de la terre et alanguissaient les brises fraîches qui venaient par moments de la Méditerranée. Au couchant, traînaient encore des lueurs d'incendie ; le reste du ciel, d'un bleu sombre, pâlissait peu à peu, et les étoiles s'allumaient une à une dans la nuit, pareille aux lumières tremblantes d'une ville lointaine.

Les fugitifs marchaient vite, la tête baissée, sans échanger une parole. Ils avaient hâte de se trouver dans le désert des collines. Tant qu'ils traversèrent la banlieue de Marseille, ils rencontrèrent de rares passants qu'ils regardaient avec méfiance. Puis, la campagne large s'étendit devant eux, ils ne virent plus, de loin en loin, au bord des sentiers, que des pâtres graves et immobiles au milieu de leurs troupeaux.

Et, dans l'ombre, dans le silence attendri de la nuit sereine, ils continuaient à fuir. Des soupirs vagues montaient autour d'eux ; les pierres roulaient sous leurs pieds avec des bruits

secs. La campagne endormie frissonnait et
s'élargissait toute noire dans la monotonie
lugubre des ténèbres. Blanche, vaguement
effrayée, se serrait contre Philippe, hâtant les
petits pas de ses pieds pour ne pas rester en
arrière; elle poussait de gros soupirs, elle se
rappelait ses paisibles nuits de jeune fille.

Puis vinrent les collines, les gorges profondes qu'il fallut franchir. Autour de Marseille, les routes sont douces et faciles; mais,
en s'enfonçant dans les terres, on rencontre
ces arêtes de rochers qui coupent tout le centre de la Provence en vallées étroites et sté-
riles. Des landes incultes, des coteaux pier-
reux semés de maigres bouquets de thym
et de lavande, s'étendaient maintenant devant
les fugitifs, dans leur morne désolation. Les
sentiers montaient et descendaient le long
des collines; des éclats de roches encombraient
les chemins; sous la sérénité bleuâtre du ciel,
on eût dit une mer de cailloux, un Océan de
pierres frappé d'éternelle immobilité en plein
ouragan.

Victor, marchant le premier, sifflait doucement un air provençal, en sautant sur les
roches, avec une agilité de chamois; il avait
grandi dans ce désert, il en connaissait les
moindres coins perdus. Blanche et Philippe
le suivaient péniblement; le jeune homme portait à moitié la jeune fille dont les pieds se

meurtrissaient aux pierres aiguës du chemin. Elle ne se plaignait pas, et, lorsque son amant interrogeait son visage dans l'ombre transparente, elle lui souriait avec une douceur triste.

Ils venaient de dépasser Septème, quand la jeune fille épuisée se laissa glisser sur le sol. La lune qui montait lentement dans le ciel, montra son visage pâle, baigné de larmes. Philippe se pencha avec angoisse.

— Tu pleures, s'écria-t-il, tu souffres, ma pauvre enfant bien-aimée... Ah ! j'ai été lâche, n'est-ce pas, de te garder ainsi avec moi ?

— Ne dites pas cela, Philippe, répondit Blanche... Je pleure, parce que je suis une malheureuse fille... Voyez, je puis à peine marcher. Nous aurions mieux fait de nous agenouiller devant mon oncle et de le prier à mains jointes...

Elle fit un effort, elle se releva, et ils continuèrent leur marche au milieu de cette campagne ardente et tourmentée. Ce n'était point l'escapade folle et gaie d'un couple amoureux ; c'était une fuite sombre, pleine d'anxiété et de souffrance, la fuite de deux coupables silencieux et frissonnants.

Ils traversèrent le territoire de Gardanne, ils se heurtèrent pendant près de cinq heures aux obstacles du chemin. Ils se décidèrent enfin à descendre sur la grande route d'Aix, et là, ils avancèrent plus librement. La poussière les aveuglait.

Quand ils furent en haut de la montée de l'Arc, ils congédièrent Victor. Blanche avait fait six lieues à pied, dans les rochers, en moins de six heures ; elle s'assit sur un banc de pierre, à la porte de la ville, et déclara qu'elle ne pouvait aller plus loin. Philippe, qui craignait d'être arrêté, s'il restait à Aix, se mit en quête d'une voiture ; il trouva une femme, montée dans un charreton, qui consentit à le prendre avec Blanche, et à les conduire à Lambesc, où elle se rendait.

Blanche, malgré les cahots, s'endormit profondément et ne se réveilla qu'à la porte de Lambesc. Ce sommeil avait calmé son sang ; elle se sentait plus paisible et plus forte. Les deux amants descendirent de voiture. L'aurore venait, une aurore fraîche et radieuse qui les pénétra d'espérance. Tous les cauchemars de la nuit s'en étaient allés ; les fugitifs avaient oublié les rochers de Septèmes, et marchaient côte à côte, dans l'herbe humide, ivres de leur jeunesse et de leur amour.

N'ayant pas trouvé M. de Girousse, auquel Philippe avait résolu de demander l'hospitalité, ils allèrent à l'auberge. Ils goûtèrent enfin une journée de paix, dans une chambre retirée, tout à leur passion. Le soir, l'aubergiste, croyant héberger un frère et sa sœur, voulut faire deux lits. Blanche sourit ; elle avait maintenant le courage de ses tendresses.

— Faites un seul lit, dit-elle. Monsieur est mon mari.

Le lendemain, Philippe alla trouver M. de Girousse qui était de retour. Il lui conta toute l'histoire et lui demanda conseil.

— Diable ! s'écria le vieux noble, votre cas est grave. Vous savez que vous êtes un manant, mon ami ; il y a cent ans, M. de Cazalis vous aurait pendu pour avoir osé toucher à sa nièce ; aujourd'hui, il ne pourra que vous faire jeter en prison. Croyez qu'il n'y manquera pas.

— Mais que dois-je faire, maintenant ?

— Ce que vous devez faire ?... Rendre la jeune fille à son oncle et gagner la frontière au plus vite.

— Vous savez bien que je ne ferai jamais cela.

— Alors, attendez tranquillement qu'on vous arrête... Je n'ai pas d'autres conseils à vous donner. Voilà.

M. de Girousse avait une brusquerie amicale qui cachait le meilleur cœur du monde. Comme Philippe, confus de la sécheresse de son accueil, allait s'éloigner, il le rappela, et lui prenant la main :

— Mon devoir, reprit-il avec une légère amertume, serait de vous faire arrêter. J'appartiens à cette noblesse que vous venez d'outrager... Ecoutez, je dois avoir de l'autre côté de Lambesc une petite maison inhabitée dont je vais vous remettre la clef. Allez vous cacher là, mais ne me dites pas que vous y allez. Sans cela, je vous envoie les gendarmes.

C'est ainsi que les amants restèrent pendant près de huit jours à Lambesc. Ils y vécurent, retirés, dans une paix que troublaient par instants des épouvantes soudaines. Philippe avait reçu les mille francs de Marius; Blanche devenait une petite ménagère, et les amants mangeaient avec délices dans la même assiette.

Cette existence nouvelle semblait un rêve à la jeune fille. Par moments, elle ne savait plus pourquoi elle était la maîtresse de Philippe; elle se révoltait alors, elle aurait voulu retourner chez son oncle; mais elle n'osait dire cela tout haut, elle se sentait faible et seule, elle avait accepté la fuite et elle n'avait pas le courage de revenir sur ses pas.

On était alors dans l'octave de la Fête-Dieu. Une après-midi, comme Blanche se mettait à la fenêtre, elle vit passer une procession. Elle s'agenouilla et joignit les mains.

Les jeunes filles, vêtues de blanc, chantaient d'une voix claire, tenant au milieu d'elles la bannière de la Vierge. A ce spectacle, la pauvre enfant se mit à sanglotter ; elle crut se voir, en robe blanche, parmi les chanteuses, et son cœur se déchira, lorsqu'elle se retrouva souillée par la passion et le scandale.

Le soir même, Philippe reçut un billet anonyme. On l'avertissait qu'il devait être arrêté le lendemain. Il crut reconnaître l'écriture de M. de Girousse. La fuite recommença, plus rude et plus douloureuse.

VI.

La Chasse aux Amours.

———

Alors ce fut une vraie déroute, une fuite sans trève ni repos, une épouvante de toutes les minutes. Poussés à droite et à gauche par leur effroi, croyant sans cesse entendre derrière eux des galops de chevaux, passant les nuits à courir les grands chemins et les jours à trembler dans de sales chambres d'auberge, les fugitifs traversèrent à plusieurs reprises la Provence, allant en avant et revenant sur leurs pas, ne sachant où trouver une retraite inconnue, perdue au fond de quelque désert.

En quittant Lambesc, par une terrible nuit de mistral, ils montèrent vers Avignon. Ils avaient loué une petite charrette ; le vent aveuglait le cheval, Blanche frissonnait dans sa misérable robe d'indienne. Pour comble de malheur, ils crurent voir de loin, à une porte de la ville, des gendarmes qui regardaient les passants au visage. Effrayés, ils rebroussèrent chemin, ils revinrent à Lambesc qu'ils ne firent que traverser.

Arrivés à Aix, ils n'osèrent y rester, ils résolurent de gagner la frontière à tout prix. Là, ils se procureraient un passeport, ils se mettraient en sûreté. Philippe, qui connaissait un pharmacien à Toulon, décida qu'ils passeraient par cette ville; il espérait que son ami pourrait lui faciliter la fuite.

Le pharmacien, un gros garçon réjoui qui se nommait Jourdan, les reçut à merveille. Il les cacha dans sa propre chambre et leur dit qu'il allait sur-le-champ chercher à leur procurer un passe-port.

Jourdan était sorti, lorsque deux gendarmes se présentèrent.

Blanche faillit s'évanouir; pâle, assise dans un coin, elle retenait ses sanglots. Philippe, d'une voix étranglée, demanda aux gendarmes ce qu'ils désiraient.

— Etes-vous le sieur Jourdan? interrogea l'un d'eux avec une rudesse de mauvaise augure.

— Non, répondit le jeune homme. M. Jourdan est sorti; il va rentrer.

— Bien, dit sèchement le gendarme.

Et il s'assit pesamment. Les deux pauvres amoureux n'osaient se regarder ; ils étaient terrifiés, ils éprouvaient un malaise indicible en présence de ces hommes qui venaient sans doute les chercher. Leur supplice dura une grande demi-heure. Enfin Jourdan rentra ; il pâlit en apercevant les gendarmes, et répondit à leur question avec un trouble inexprimable.

— Veuillez nous suivre, lui dit un de ces hommes.

— Mais pourquoi ? demanda-t-il. Qu'ai-je fait ?

— On vous accuse d'avoir triché au jeu, hier au soir, dans un cercle. Vous vous expliquerez chez le juge d'instruction.

Un frisson de terreur secoua Jourdan. Il avait le visage bouleversé, pareil à celui d'un cadavre. Il demeura comme foudroyé, et suivi avec la docilité d'un enfant les gendarmes, qui se retirèrent sans même voir l'épouvante de Blanche et de Philippe.

L'histoire de Jourdan, en ce temps-là, fit grand bruit dans Toulon. Mais personne ne connut le drame intime et poignant qui s'était passé chez le pharmacien, le jour de son arrestation.

Ce drame découragea Philippe. Il comprit qu'il était trop faible pour échapper à la jus-

tice humaine qui le traquait. Puis, maintenant, il n'espérait plus se procurer un passe-
port, il ne pouvait franchir la frontière.
D'ailleurs, il voyait bien que Blanche commençait à se lasser. Il résolut alors de se
rapprocher de Marseille et d'attendre, dans
les environs de cette ville, que la colère de
M. de Cazalis se fût un peu apaisée. Comme
tous ceux qui n'ont plus d'espérance, il se
sentait par moments des espoirs ridicules de
pardon et de bonheur.

Philippe avait à Aix un parent nommé
Isnard qui tenait une boutique de mercerie.
Les fugitifs, ne sachant plus à quelle porte
frapper, revinrent à Aix, pour demander à
Isnard la clef d'un de ses bastidons. La fata-
lité les poursuivait : ils ne trouvèrent pas le
mercier chez lui et furent obligés d'aller se
cacher dans une vieille maison du cours
Sextius, chez une cousine du méger de M. de
Girousse. Cette femme ne voulait pas les recevoir, craignant qu'on ne lui fît plus tard un
crime de son hospitalité; elle ne céda que
devant les promesses de Philippe qui lui jura
de faire exempter son fils du service militaire.
Le jeune homme était sans doute dans une
heure d'espérance; il se voyait déjà le neveu
d'un député, et usait largement de la toute-
puissance de son oncle.

Le soir, Isnard vint trouver les amants et

leur remit la clef d'un bastidon qu'il avait
dans la plaine de Puyricard. Il en possédait
deux autres, l'un au Tholonet, l'autre au
quartier des Trois-bons-Dieux. Les clefs de
ceux-là étaient cachées sous certaines grosses
pierres qu'il leur désigna. Il leur conseilla de
ne pas dormir deux nuits de suite sous le
même toit et leur promit de faire tous ses
efforts pour dépister la police.

Les amants partirent et prirent le chemin
qui passe le long de l'Hôpital.

Le bastidon d'Isnard était situé à droite,
de Puyricard, entre le village et le chemin
de Venelles. C'était une de ces laides petites
bâtisses, faites de chaux et de pierres sèches,
égayées par des tuiles rouges ; il n'y avait
qu'une pièce, une sorte d'écurie sale ; des
débris de paille traînaient à terre et de grandes toiles d'araignée pendaient au plafond.

Les amants avaient heureusement une couverture. Ils amassèrent les débris de paille
dans un coin et étendirent la couverture sur
le tas. Ils couchèrent là, au milieu des âcres
exhalaisons de l'humidité.

Le lendemain, ils passèrent la journée dans
un trou du torrent desséché de la Touloubre.
Puis, vers le soir, ils gagnèrent le chemin de
Venelles, firent un détour pour éviter de
passer dans Aix, et gagnèrent le Tholonet. Ils
arrivèrent à onze heures au bastidon que le

mercier possédait en dessous de l'Oratoire des Jésuites.

La maison était plus convenable. Il y avait deux pièces, une cuisine et une salle à manger dans laquelle se trouvait un lit de sangle ; les murs étaient couverts de caricatures coupées dans le *Charivari,* et des liasses d'oignons pendaient des poutres blanchies à la chaux. Les deux amants purent se croire dans un palais.

Au réveil, la peur les prit de nouveau ; ils gravirent la colline et restèrent jusqu'à la nuit dans les gorges des Infernets. A cette époque, les précipices de Jaumegarde gardaient encore toute leur sinistre horreur ; le canal Zola n'avait point troué la montagne, et les promeneurs ne s'aventuraient pas dans cet entonnoir funèbre de rochers rougeâtres. Blanche et Philippe goûtèrent une paix profonde au fond de ce désert ; ils se reposèrent longtemps près d'une fontaine qui coule, claire et chantante, d'un bloc de pierre gigantesque.

Avec la nuit, revint le cruel souci du coucher. Blanche avait peine à marcher ; ses pieds meurtris saignaient sur les cailloux pointus et tranchants. Philippe comprit qu'il ne pouvait la conduire loin. Il la soutint, et lentement ils montèrent sur le plateau qui domine les Infernets. Là, s'étendent des landes incultes, de vastes champs de cailloux, des terrains vagues creusés de loin en loin par des carrières abandonnées. Je ne connais rien de si étrangement sinistre que ce large paysage aux horizons d'une ampleur lugubre, tachés çà et là d'une verdure basse et noire ; les rocs, pareils à des membres brisés, percent la terre maigre ; la plaine, comme bossue, semble avoir été frappée de mort au milieu des convulsions d'une effroyable agonie.

Philippe espérait trouver un trou, une caverne. Il eut la bonne fortune de rencontrer un poste, une de ces logettes dans lesquelles les chasseurs se cachent pour attendre les oiseaux de passage. Il enfonça la porte de la cabane sans aucun scrupule, et fit asseoir Blanche sur un petit banc qu'il sentit sous sa main. Puis, il alla arracher une grande quantité de thym ; le plateau est couvert de cette humble plante grise dont la senteur âpre traîne sur toutes les collines de la Provence.

Philippe entassa le thym dans le poste et en fit ainsi une sorte de paillasse, sur laquelle il étendit la couverture. Le lit était fait.

Et les deux amants, sur cette couche misérable, se donnèrent le baiser du soir. Ah! que ce baiser contenait de souffrance douce et de volupté amère ! Blanche et Philippe s'embrassaient avec un emportement cruel, avec toutes les fougues de la passion et toutes les colères du désespoir.

L'amour de Philippe était devenu de la rage. Sans cesse obligé de fuir, menacé dans ses rêves de richesse, sous le coup d'un châtiment implacable, le jeune homme se révoltait et apaisait ses révoltes en pressant Blanche entre ses bras à la briser. Cette jeune fille, qui s'abandonnait à ses étreintes, était pour lui une vengeance ; il la possédait en maître irrité, il la pliait sous ses baisers, se hâtant de satisfaire son cœur et sa chair tandis qu'il était libre encore.

Son orgueil grandissait dans une jouissance infinie. Tous ses mauvais instincts d'ambition se contentaient largement. Lui, fils du peuple, il tenait, enfin, sur sa poitrine, une fille de ces hommes puissants et fiers dont les équipages lui avaient parfois jeté de la boue à la face. Et il se rappelait les légendes du pays, les vexations des nobles, le martyre du peuple, toutes les lâchetés de ses pères devant les caprices cruels de la noblesse. Alors il se vengeait, il étouffait Blanche dans ses caresses, il la dominait de tous les emportements de son sang.

Il avait fini par goûter une joie amère à la faire courir dans les pierres des chemins. Il ne s'avouait pas ces pensées mauvaises, il se cachait à lui-même la cruauté de sa conduite. La vérité était que l'angoisse et la fatigue de sa maîtresse la lui rendaient plus chère et plus désirable. Il l'aurait moins aimée dans un salon, en pleine paix. Le soir, lorsque, brisée de fatigue, elle tombait à son côté, il l'embrassait avec une joie cruelle ; les souffrances de l'enfant étaient un aiguillon de plus qui exaltait sa passion.

Les amants avaient passé une nuit folle, dans la saleté du bastidon de Puyricard. Ils étaient là, couchés sur la paille, au milieu des toiles d'araignée, séparés du monde. Autour d'eux tombait le grand silence des cieux endormis. Et ils pouvaient s'aimer en paix, ils ne tremblaient plus, ils étaient tout à leur amour. Philippe n'aurait pas donné sa couche de paille pour un lit royal ; il se disait, avec des transports d'orgueil, qu'il tenait dans une écurie une descendante des Cazalis.

Et le lendemain et les jours suivants, quelle jouissance poignante de traîner Blanche à sa suite, au fond des déserts de Jaumegarde ! Il emportait sa maîtresse avec des délicatesses de père et des violences de bête fauve.

Il ne put dormir dans le poste ; l'odeur forte du thym, sur lequel il était couché, le rendit comme fou. Il rêva tout éveillé que M. de Cazalis le recevait avec tendresse et qu'on le nommait député en remplacement de

son oncle. Par moments, il entendait les soupirs douloureux de Blanche qui sommeillait à
son côté, fiévreuse et agitée.

La jeune fille en était arrivée à considérer sa
fuite avec Philippe comme un cauchemar
plein de plaisirs cuisants. Elle restait, durant
le jour, hébêtée par la fatigue; elle souriait
tristement, elle ne se plaignait jamais. Son
inexpérience lui avait fait accepter le départ,
et son caractère faible l'empêchait de demander le retour. Elle appartenait corps et âme à
cet homme qui l'emportait dans ses bras; elle
eut voulu ne plus tant marcher, mais elle ne
songeait pas à quitter Philippe, elle continuait naïvement à croire que son oncle la
marierait avec lui, et qu'il s'agissait uniquement de courir encore les rochers pendant
quelques jours. C'était une grande enfant,
qui avait eu le malheur d'être femme avant
l'âge.

Dès le lever du soleil, les fugitifs quittèrent
leur couche de thym. Leurs vêtements com-
mençaient à se déchirer terriblement, et la
pauvre Blanche avait aux pieds des souliers
percés. Dans les fraîcheurs du matin, au milieu des parfums âcres du plateau que les
jeunes rayons inondaient de lueurs jaunes et
roses, les amants oublièrent pour une heure
leur misère et leur abandon. Ils déclarèrent,
en riant, qu'ils avaient une faim atroce.

Alors Philippe fit rentrer Blanche dans le poste et courut au Tholonet chercher des provisions. Il lui fallu une grande demi-heure. Quant il revint, il trouva la jeune fille effrayée ; elle affirmait qu'elle avait vu passer des loups.

La table fut mise sur une large dalle de pierre. On eut dit un couple de bohémiens anoureux déjeunant en plein air. Après le déjeuner, les amants gagnèrent le centre du plateau, qu'ils ne quittèrent pas de la journée. Ils y goûtèrent peut-être les heures les plus heureuses de leurs amours.

Mais quand vint le crépuscule, la peur les prit, ils ne voulurent point passer encore une nuit dans cette solitude. L'air tiède et pur de la colline leur avait donné des espérances, des pensées plus douces.

—Tu es lasse, ma pauvre enfant? demanda Philippe à Blanche.

— Oh ! oui, répondit la jeune fille.

— Ecoute, nous allons faire une dernière course. Gagnons le bastidon qu'Isnard possède au quartier des Trois-bons-Dieux, et restons là jusqu'à ce que ton oncle nous pardonne ou jusqu'à ce qu'il me fasse arrêter.

— Mon oncle pardonnera.

— Je n'ose te croire... En tous cas, je ne veux plus fuir, tu as besoin de repos. Viens, nous marcherons doucement.

Ils traversèrent le plateau, s'éloignant des Infernets, laissant à droite le château de Saint-Marc, qu'ils voyaient sur la hauteur. Au bout d'une heure, ils étaient arrivés.

Le bastidon d'Isnard se trouvait situé sur le coteau qui s'étend à gauche de la route de Vauvenargues, lorsqu'on a dépassé le vallon de Repentance. C'était une petite maison à un étage ; en bas, il y avait une seule pièce, dans laquelle étaient une pièce boîteuse et trois chaises dépaillées. On montait par une échelle en bois à la chambre du haut, sorte de grenier entièrement nu, où les amants trouvèrent pour tout meuble un mauvais matelas posé sur un tas de foin. Isnard avait charitablement mis un drap de lit blanc au pied du matelas.

L'intention de Philippe était d'aller le lendemain à Aix et de se renseigner sur les dispositions de M. de Cazalis à son égard. Il comprenait qu'il ne pouvait se cacher plus longtemps, il se coucha, presque paisible, calmé par les bonnes paroles de Blanche qui jugeait les évènements avec ses espoirs de jeune fille.

Il y avait vingt jours que les fugitifs couraient les champs. Depuis vingt jours la gendarmerie battait le pays, les suivant à la piste, faisant parfois fausse route, remise chaque fois dans le bon chemin par quelque

3

circonstance légère. La colère de M. de Cazalis s'était accrue devant toutes ces lenteurs; son orgueil s'irritait à chaque nouvel obstacle. A Lambesc, les gendarmes s'étaient présentés quelques heures trop tard ; à Toulon, le passage des fugitifs avait été seulement signalé le lendemain de leur retour à Aix ; partout, Philippe et Blanche s'échappaient comme par miracle. Le député finissait par accuser la police de mauvaise volonté.

On lui affirma, enfin, que les amants se trouvaient dans les environs d'Aix, et qu'ils allaient être arrêtés. Il accourut à Aix, il voulut assister aux recherches.

La femme du cours Sextius, qui avait hébergé Blanche et Philippe pendant quelques heures, fut prise de terreur ; pour ne pas être accusée de complicité, elle conta tout, elle dit que les jeunes gens devaient être cachés dans un des bastidons d'Isnard.

Isnard interrogé, nia tranquillement. Il déclara qu'il n'avait pas vu son parent depuis plusieurs mois. Ceci se passait à l'heure même où Philippe et Blanche entraient dans le bastidon du quartier des Trois-bons-Dieux. Le mercier ne put avertir les amants pendant la nuit. Le lendemain matin, à cinq heures, un commissaire de police frappait à sa porte et lui annonçait qu'une perquisition allait être faite chez lui et dans ses trois propriétés.

M. de Cazalis resta à Aix, déclarant qu'il craignait de tuer l'infâme séducteur de sa nièce, si jamais il se rencontrait face à face avec lui. Les agents qui s'étaient chargés de visiter le bastidon de Puyricard, trouvèrent le nid vide. Isnard offrit obligeamment de conduire deux gendarmes à sa campagne du Tholonet, se doutant qu'il ferait une promenade inutile. Le commissaire de police, accompagné également de deux gendarmes, se dirigea vers les Trois-bons-Dieux ; il avait emmené un serrurier avec lui, Isnard ayant répondu vaguement que la clef de la maison était cachée sous une pierre, à droite de la porte.

Il était environ six heures, lorsque le commissaire arriva devant la campagne. Toutes les ouvertures étaient closes ; aucun bruit ne venait de l'intérieur. Le commissaire s'avança et, d'une voix haute, frappant du poing le bois de la porte :

Au nom de la loi, ouvrez ! cria-t-il.

L'écho seul répondit. Rien ne bougea. Au bout de quelques minutes, se tournant vers le serrurier :

— Crochetez la porte, reprit le commissaire.

Le serrurier se mit à l'œuvre. On entendit dans le silence le grincement du fer. Alors le volet d'une fenêtre s'ouvrit violemment,

et, au milieu des clartés blondes du soleil
levant, le cou et les bras nus, apparut Philippe Cayol, dédaigneux et irrité.

— Que voulez-vous? dit-il en s'accoudant
fortement sur l'appui de la fenêtre.

Au premier coup frappé à la porte par le
commissaire, Philippe et Blanche s'étaient ré-
veillés brusquement. Assis tous deux sur le
matelas, dans les frissons du réveil, ils avaient
écouté avec anxiété le bruit des voix.

Le cri « Au nom de la loi ! » ce terrible cri
qui retentit aux oreilles des coupables comme
un éclat de foudre, avait frappé le jeune homme en pleine poitrine. Il s'était levé, frémissant, éperdu, ne sachant que faire. La jeune
fille, accroupie, enveloppée dans le drap, les
yeux encore gros de sommeil, pleurait de
honte et de désespoir.

Philippe comprenait que tout était fini et
qu'il n'avait plus qu'à se rendre. Et une sourde révolte montait en lui. Ainsi ses rêves de
richesse étaient morts, il ne serait jamais le
mari de Blanche, il avait enlevé une
héritière pour être jeté en prison; au dénouement, au lieu de la riche demeure
qu'il avait rêvée, il trouvait un cachot.
Alors une pensée de lâcheté lui vint; il songea à laisser là sa maîtresse et à s'enfuir du
côté de Vauvenargues, dans les gorges de
Sainte-Victoire; peut-être pourrait-il s'échap-

per par une fenêtre donnant sur le derrière du bastidon. Il se pencha vers Blanche, et, en balbutiant, à voix basse, il lui dit son projet. La jeune fille, que les sanglots étouffaient, ne l'entendit pas, ne le comprit pas. Il vit avec angoisse qu'elle n'était pas en état de protéger sa fuite.

A ce moment, il entendit le bruit sec des crochets que le serrurier introduisait dans la serrure. Le drame intime et poignant qui venait de se passer dans cette chambre nue, avait duré au plus deux ou trois minutes.

Philippe se sentit perdu, et son orgueil irrité lui rendit le courage. S'il avait eu des armes, il se serait défendu. Puis il se dit qu'il n'était point un ravisseur, que Blanche l'avait suivi volontairement et qu'après tout la honte n'était pas pour lui. C'est alors qu'il poussa le volet avec colère, demandant ce qu'on lui voulait.

— Ouvrez-nous la porte, commanda le commissaire. Nous vous dirons ensuite ce que nous désirons.

Philippe descendit l'échelle de bois et ouvrit la porte.

— Etes-vous le sieur Philippe Cayol? reprit le commissaire.

— Oui, répondit le jeune homme avec force.

— Alors je vous arrête comme coupable de

rapt. Vous avez enlevé une jeune fille de moins de seize ans, qui doit être cachée avec vous.

Philippe eut un sourire dédaigneux.

— Mademoiselle Blanche de Cazalis est en haut, dit-il. Elle pourra déclarer s'il y a eu violence de ma part. Je ne sais ce que vous voulez dire en parlant de rapt. Je devais aujourd'hui même aller me jeter aux genoux de M. de Cazalis et lui demander la main de sa nièce.

Blanche, pâle et frissonnante, venait de descendre l'échelle. Elle s'était habillée à la hâte.

— Mademoiselle, lui dit le commissaire, j'ai ordre de vous ramener auprès de votre oncle qui vous attend à Aix. Il est dans les larmes.

— J'ai un grand chagrin d'avoir mécontenté mon oncle, répondit Blanche avec une certaine fermeté. Mais il ne faut point accuser M. Cayol que j'ai suivi de mon plein gré.

Et se tournant vers le jeune homme, émue, près de sangloter encore :

— Espérez, Philippe, continua-t-elle, je vous aime et je supplierai mon oncle d'être bon pour nous. Notre séparation ne durera que quelques jours.

Philippe la regardait d'un air triste, secouant la tête.

— Vous êtes une enfant peureuse et faible, répondit-il lentement.

Puis il ajouta d'un ton âpre :

— Souvenez-vous seulement que vous m'appartenez, par la chair et par le cœur... Si vous m'abandonnez, à chaque heure de votre vie vous me trouverez en vous, vous sentirez toujours sur vos lèvres la brûlure ardente de mes baisers, et ce sera là votre châtiment.

Blanche pleurait.

— Aimez-moi bien, comme je vous aime moi-même, reprit le jeune homme d'une voix plus douce.

Le commissaire fit monter Blanche dans une voiture qu'il avait envoyé chercher, et la reconduisit à Aix, tandis que deux agents emmenaient Philippe et allaient l'écrouer dans la prison de cette ville.

VII

Où Blanche suit l'exemple de Saint-Pierre.

La nouvelle de l'arrestation n'arriva à Marseille que le lendemain. Ce fut un véritable évènement. On avait vu, dans l'après-midi, M. de Cazalis passer en voiture avec sa nièce sur la Cannebière. Les bavardages allaient leur train ; chacun parlait de l'attitude triomphante du député, de l'embarras et de la rougeur de Blanche. M. de Cazalis était homme à promener la jeune fille dans tout Marseille pour faire savoir au peuple que l'enfant était rentrée en son pouvoir et que sa race ne se mésallierait pas.

Marius, prévenu le matin par Fine, courut la ville pendant la matinée entière. La voix publique lui confirma la nouvelle; il put saisir au passage tous les détails de l'arrestation. Le fait, en quelques heures, était devenu légendaire, et les boutiquiers, les oisifs des carrefours le racontaient comme une histoire merveilleuse qui se serait passée cent ans auparavant. Le jeune homme, las d'entendre ces contes à dormir debout, se rendit à son bureau, la tête brisée, ne sachant à quoi se décider.

Par malheur, M. Martelly devait rester absent jusqu'au lendemain soir. Marius sentait le besoin d'agir au plus tôt; il aurait voulu tenter sur le champ quelque démarche qui le rassurât sur le sort de son frère. Ses craintes du premier instant s'étaient d'ailleurs un peu calmées; il avait réfléchi qu'après tout son frère ne pouvait être accusé d'enlèvement et que Blanche serait toujours là pour le défendre. Il en vint à croire naïvement qu'il devait aller voir M. de Cazalis pour lui demander, au nom de son frère, la main de sa nièce.

Le lendemain matin, il s'habilla tout de noir, et il descendait, lorsque Fine se présenta, comme à son ordinaire. La pauvre fille devint toute pâle, lorsque Marius lui eut fait connaître le motif de sa sortie.

— Me permettez-vous de vous accompagner?

demanda-t-elle d'une voix suppliante. J'attendrai en bas la réponse de la demoiselle et de son oncle.

Elle suivit Marius. Arrivé au cours Bonaparte, le jeune homme entra d'un pas ferme dans la maison du député, et se fit annoncer.

La colère aveugle de M. de Cazalis était tombée. Il tenait sa vengeance. Il allait pouvoir prouver sa toute-puissance en écrasant un de ces libéraux qu'il détestait. Il ne désirait plus maintenant que goûter la joie cruelle de jouer avec sa proie. Il donna l'ordre d'introduire M. Marius Cayol. Il s'attendait à des larmes, à des supplications ardentes.

Le jeune homme le trouva au milieu d'un grand salon, debout, l'air hautain et implacable. Il s'avança vers lui, et, sans lui laisser le temps de parler, d'une voix calme et polie :

— Monsieur, lui dit-il, j'ai l'honneur de venir vous demander, au nom de mon frère, M. Philippe Cayol, la main de mademoiselle Blanche de Cazalis, votre nièce.

Le député fut littéralement foudroyé. Il ne put se fâcher, tant la demande de Marius lui parut d'une extravagance grotesque. Se reculant, regardant le jeune homme en face, riant avec dédain :

— Vous êtes fou, monsieur, répondit-il... Je sais que vous êtes un garçon laborieux et honnête, et c'est pour cela que je ne vous fais

pas jeter à la porte par mes valets... Votre frère
est un scélérat, un coquin qui sera puni comme il le mérite... Que voulez-vous de moi ?

Marius, en entendant insulter son frère,
avait eu une envie féroce de tomber à coups
de poing, comme un vilain, sur le noble personnage. Il se retint, il continua d'une voix
que l'émotion commençait à faire trembler :

— Je vous l'ai dit, monsieur, je viens ici
pour offrir à mademoiselle de Cazalis la seule
réparation possible, le mariage. Ainsi sera
lavée l'injure qui lui a été faite.

— Nous sommes au-dessus de l'injure, cria
le député avec mépris. La honte pour une Cazalis n'est pas d'avoir été la maîtresse d'un
Philippe Cayol, la honte pour elle serait de
s'allier à des gens tels que vous.

— Les gens tels que nous ont d'autres
croyances en matière d'honneur... D'ailleurs,
je n'insiste pas ; le devoir seul me dictait l'offre de réparation que vous refusez... Permettez-moi seulement d'ajouter que votre nièce ac-
cepterait sans doute cette offre, si j'avais l'honneur de m'adresser à elle.

— Vous croyez ? dit M. de Cazalis d'un ton
railleur.

Il sonna et donna l'ordre de faire descendre
sa nièce sur le champ. Blanche entra, pâle,
les yeux rougis, comme brisée par des émo-

tions trop fortes. En apercevant Marius, elle frissonna.

— Mademoiselle, lui dit froidement son oncle, voici monsieur qui demande votre main au nom de l'infâme que je ne veux pas nommer devant vous... Dites à monsieur ce que vous me disiez hier.

Blanche chancelait. Elle n'osa pas regarder Marius. Les yeux fixés sur son oncle, toute tremblante, d'une voix hésitante et faible :

— Je vous disais, murmura-t-elle, que j'avais été enlevée par la violence, et que je ferai tous mes efforts pour qu'on punisse l'attentat odieux dont j'ai été la victime.

Ces paroles furent récitées comme une leçon apprise. A l'exemple de Saint-Pierre, Blanche reniait son Dieu.

M. de Cazalis n'avait pas perdu son temps. Dès que sa nièce fut en son pouvoir, il pesa sur elle de tout son entêtement et de tout son orgueil. Il comprit qu'elle seule pouvait lui faire gagner la partie. Il fallait que la jeune fille mentît, qu'elle étouffât les révoltes et les cris de son cœur, qu'elle fut entre ses mains un instrument complaisant et passif.

Pendant quatre heures, il la tint sous ses paroles froides et aiguës. Il ne commit pas la maladresse de s'emporter. Il parla avec une hauteur écrasante, rappelant l'ancienneté de sa race, étalant sa puissance et sa fortune. Il eut des habiletés exquises, faisant d'un côté le tableau d'une mésalliance ridicule et vulgaire, montrant d'un autre côté les joies nobles d'un riche et grand mariage. Il attaqua la jeune fille par la coquetterie, par la vanité, par le luxe, par l'amour-propre; il la fatigua, la brisa, l'hébêta, la rendit telle qu'il la voulait, souple et inerte.

Au sortir de ce long entretien, de ce long martyre, Blanche était vaincue. Peut-être, sous les paroles accablantes de son oncle, son sang de patricienne s'était-il enfin révolté, au souvenir des caresses brutales de Philippe; peut-être ses vanités d'enfant s'étaient-elles éveillées, en entendant parler de toilettes luxueuses, d'honneurs de toutes sortes, de délicatesses mondaines. D'ailleurs, elle avait la tête trop faible, le cœur trop lâche pour résister à la volonté terrible du député. Chaque phrase de M. de Cazalis la frappait, l'écrasait, mettait en elle une anxiété douloureuse. Elle ne se sentait plus la puissance de vouloir. Elle avait aimé et suivi Philippe par faiblesse; maintenant elle allait se tourner contre lui également par faiblesse: c'était toujours la même âme timide et inexpérimentée. Elle accepta tout, elle promit tout. Elle avait hâte d'échapper au poids étouffant, dont les discours de son oncle l'accablaient.

Lorsque Marius l'entendit faire son étrange

déclaration, il demeura stupéfait, épouvanté.
Il se rappelait l'attitude de la jeune fille chez
le jardinier Ayasse ; il la voyait pendue au
cou de Philippe, toute pamée, confiante et
amoureuse.

— Ah ! mademoiselle , s'écria-t-il avec
amertume, l'attentat odieux dont vous avez
été la victime, paraissait vous indigner moins
le jour où vous m'avez prié à mains jointes
d'implorer le pardon et le consentement de
votre oncle... Avez-vous songé que votre
mensonge causera la perte de l'homme que
vous aimez peut-être encore et qui est votre
époux devant Dieu ?

Blanche, roidie, les lèvres serrées, regardait vaguement en face d'elle.

— Je ne sais ce que vous voulez dire, répondit-elle en balbutiant... Je ne fais pas de
mensonge... J'ai cédé à la force... Cet homme
m'a outragée, et mon oncle vengera l'honneur de notre famille.

Marius s'était redressé. Une colère généreuse avait grandi sa petite taille, et sa face
maigre était devenue belle de justice et de
vérité. Il regarda autour de lui, et, faisant un
geste méprisant :

— Et je suis chez les Cazalis, dit-il lentement, je suis chez les descendants de cette
famille illustre dont la Provence s'honore...
Je ne savais point que le mensonge habitât

dans cette demeure, et je ne m'attendais pas à trouver logées ici la calomnie et la lâcheté... Oh ! vous m'entendrez jusqu'au bout. Je veux jeter ma dignité de laquais à la face indigne de mes maîtres.

Puis se tournant vers le député, désignant Blanche qui tremblait :

— Cette enfant est innocente, continua-t-il, je lui pardonne sa faiblesse... Mais vous, monsieur, vous êtes un habile homme ; vous sauvegardez l'honneur des filles en faisant d'elles des menteuses et des cœurs lâches ; vous êtes vraiment un noble fils de vos pères.... Si maintenant vous m'offriez pour mon frère la main de mademoiselle Blanche de Cazalis, je refuserais, car je n'ai jamais menti, je n'ai jamais commis une méchante action, et je rougirais de m'allier à des gens tels que vous.

M. de Cazalis plia sous l'emportement du jeune homme. Dès la première insulte, il avait appelé un grand diable de laquais qui se tenait debout sur le seuil de la porte. Comme il lui faisait signe de jeter Marius dehors, celui-ci reprit avec un éclat terrible :

— Je vous jure que je crie à l'assassin si cet homme fait un pas... Laissez-moi passer.. Un jour, monsieur, je pourrai peut-être vous cracher au visage, devant tous, les vérités que je viens de vous dire dans ce salon.

Et il s'en alla, d'un pas lent et ferme. Il ne voyait plus la culpabilité de Philippe ; son frère devenait pour lui une victime qu'il voulait sauver et venger à tout prix. Dans ce caractère droit, le moindre mensonge, la moindre injustice amenaient une tempête. Déjà le scandale que M. de Cazalis avait soulevé, lors de la fuite, lui avait fait prendre la défense des fugitifs ; maintenant que Blanche mentait et que le député se servait de la calomnie, il aurait voulu être tout-puissant pour faire acte de justice et crier la vérité en pleine rue.

Il trouva sur le trottoir Fine que l'inquiétude dévorait.

— Eh bien ! lui demanda la jeune fille, dès qu'elle l'aperçut.

— Eh bien ! répondit Marius, ces gens sont de misérables menteurs et des fous orgueilleux.

Fine respira longuement. Un flot de sang monta à ses joues.

— Alors, reprit-elle, monsieur Philippe n'épouse pas la demoiselle ?

— La demoiselle, dit Marius en souriant amèrement, prétend que Philippe est un scélérat qui l'a enlevée avec violence... Mon frère est perdu.

Fine ne comprit pas. Elle baissa la tête, se demandant comment la demoiselle pouvait traiter son amant de scélérat. Et elle songeait

qu'elle eut été bien heureuse d'être enlevée
par Philippe, même avec violence. La colère
de Marius l'enchantait : le mariage était
manqué.

— Votre frère est perdu, murmura-t-elle
avec une câlinerie tendre, oh ! je le sauverai..
nous le sauverons.

VIII

Le pot de fer et le pot de terre.

Lorsque, le soir, Marius raconta à M. Martelly l'entrevue qu'il avait eue avec M. de Cazalis, l'armateur lui dit en hochant la tête :

— Je ne sais quel conseil vous donner, mon ami. Je n'ose vous désespérer ; mais vous serez vaincu, n'en doutez pas. Votre devoir est d'engager la lutte, et je vous seconderai de mon mieux. Avouons pourtant entre nous que nous sommes faibles et désarmés en face d'un adversaire qui a pour lui le clergé et la noblesse. Marseille et Aix n'aiment guère la monarchie de Juillet, et ces deux villes sont toutes dévouées à un député de l'opposition qui fait une guerre terrible à M. Thiers. Elles aideront M. de Cazalis dans sa vengeance ; je parle des gros bonnets, le peuple nous servirait, s'il pouvait servir quelqu'un. Le mieux serait de gagner à notre cause un membre influent du clergé. Ne connaissez-vous pas quelque prêtre en faveur auprès de notre évêque?

Marius répondit qu'il connaissait l'abbé Chastanier, un pauvre vieux bonhomme qui ne devait avoir aucun pouvoir.

— N'importe, allez le voir, répondit l'armateur. La bourgeoisie ne peut nous être utile ; la noblesse nous jetterait honteusement à la porte, si nous allions quêter chez elle des recommandations. Reste l'Eglise. C'est là qu'il nous faut frapper. Mettez-vous en campagne, je travaillerai de mon côté.

Marius, dès le lendemain, se rendit à Saint-Victor. L'abbé Chastanier le reçut avec une sorte d'embarras effrayé.

— Ne me demandez rien, s'écria-t-il dès les premiers mots du jeune homme. On a su que je m'étais déjà occupé de cette affaire, et j'ai reçu de graves reproches... Je vous l'ai dit, je ne suis qu'un pauvre homme, je ne puis que prier Dieu.

L'attitude humble du vieillard toucha Marius. Il allait s'éloigner, lorsque le prêtre le retint et lui dit à voix basse :

— Ecoutez, il y a ici un homme, l'abbé Donadéi, qui pourrait vous être utile. On prétend qu'il est au mieux avec Monseigneur. C'est un prêtre étranger, un italien, je crois, qui a su se faire aimer de tout le monde en quelques mois...

L'abbé Chastanier s'arrêta, hésitant, semblant s'interroger lui-même. Le digne homme songeait qu'il allait se compromettre terriblement, mais il ne pouvait résister à la joie douce de rendre un service.

— Voulez-vous que je vous accompagne chez lui ? demanda-t-il brusquement.

Marius, qui avait remarqué sa courte hésitation, essaya de refuser ; mais le vieillard tint bon, il ne songeait plus à sa tranquillité personnelle, il songeait à contenter son cœur.

— Venez, reprit-il, l'abbé Donadéi demeure à deux pas d'ici, sur le boulevard de la Corderie.

Après quelques minutes de marche, l'abbé Chastanier s'arrêta devant une petite maison à un étage, une de ces maisons closes et discrètes qui ont de vagues senteurs de mystères.

— C'est ici, dit-il à Marius.

Une vieille servante vint leur ouvrir et les introduisit dans un étroit cabinet aux tentures sombres, qui ressemblait à un boudoir austère.

L'abbé Donadéi les reçut avec une aisance souple. Son visage pâle, d'une finesse où perçait la ruse, n'exprima pas le moindre étonnement. Il approcha des siéges d'un geste câlin, demi courbé, demi souriant, faisant les honneurs de son bureau, comme une femme ferait les honneurs de son cabinet de toilette.

Il portait une longue robe noire, lâche à la taille. Il avait des mines coquettes dans ce costume sévère ; ses mains blanches et délicates sortaient toutes petites des larges manches, et son visage rasé gardait une fraîcheur tendre au milieu des boucles châtaines de ses cheveux. Il pouvait avoir trente ans environ.

Il s'assit dans un fauteuil et écouta, avec une gravité souriante, les paroles de Marius. Il lui fit répéter les détails scabreux de la fuite de Philippe et de Blanche ; cette histoire paraissait l'intéresser infiniment.

L'abbé Donadéi était né à Rome. Il avait un oncle cardinal. Un beau jour, son oncle l'avait envoyé brusquement en France, sans qu'on ait jamais bien su pourquoi. A son arrivée, le bel abbé s'était vu forcé d'entrer au petit séminaire d'Aix comme professeur de langues vivantes. Une position si infime l'humilia à tel point qu'il en tomba malade.

Le cardinal s'émut et recommanda son neveu à l'évêque de Marseille. Dès lors, l'ambition satisfaite guérit Donadéi. Il entra à Saint-Victor, et, comme le disait naïvement l'abbé Chastanier, il sut se faire aimer de tous en quelques mois. Sa caressante nature italienne, son visage doux et rose en firent un petit Jésus pour les dévotes sucrées de la paroisse. Il triomphait surtout, lorsqu'il était en chaire : son léger accent donnait un charme étrange à ses sermons, et, quand il ouvrait les bras, il savait imprimer à ses mains des tremblements d'émotion qui mettaient en larmes l'auditoire.

Comme presque tous les Italiens, il était né pour l'intrigue. Il usa et abusa de la recommandation de son oncle auprès de l'évêque de Marseille. Bientôt, il fut une puissance, puissance occulte qui agissait sous terre et qui ouvrait des trous devant les pas de ceux dont elle voulait se débarrasser. Il devint membre d'un cercle religieux, tout puissant à Marseille, et, par sa souplesse, en souriant et en pliant l'échine, il imposa sa volonté à ses collègues, il se fit chef de parti. Alors, il se mêla de chaque évènement, il se glissa dans toutes les affaires ; ce fut lui qui fit nommer M. de Cazalis à la députation, et il attendait une bonne occasion pour demander au député le paiement de ses services. Son plan était de travailler à la réussite des gens riches ; plutard, lorsqu'il aurait mérité leur reconnaissance, il comptait les faire travailler à leur tour à sa propre fortune.

Il questionna Marius avec complaisance, il parut par son attention, par la bienveillance de son accueil, être tout disposé à l'aider dans son œuvre de délivrance. Le jeune homme se laissa prendre à la douceur aimable de ses manières, il lui ouvrit son âme, il lui dit ses projets, il lui avoua que le clergé seul pouvait sauver son frère. Enfin, il lui demanda son aide auprès de Monseigneur. Alors l'abbé Donadéi se leva et, d'un ton de raillerie austère :

— Monsieur, dit-il, mon caractère sacré me défend de me mêler de cette déplorable et scandaleuse affaire. Les ennemis de l'Eglise accusent trop souvent les prêtres de sortir de leurs sacristies. Je ne puis que demander à Dieu le pardon de votre frère.

Marius, consterné, s'était également levé. Il comprenait qu'il venait d'être joué par Donadéi. Il voulut faire bonne contenance.

— Je vous remercie, répondit-il. Les prières sont une aumône bien douce pour les malheureux. Demandez à Dieu que les hommes nous fassent justice.

Il se dirigea vers la porte, suivi par l'abbé Chastanier qui marchait la tête basse. Donadéi avait affecté de ne pas regarder le vieux prêtre.

Sur le seuil, le bel abbé, retrouvant toute sa légèreté gracieuse, retint un instant Marius.

— Vous êtes employé chez M. Martelly, je crois ? lui demanda-t-il.

— Oui, Monsieur, répondit le jeune homme étonné.

— C'est un homme d'une grande honorabilité. Mais je sais qu'il n'est pas de nos amis... Je professe cependant pour lui la plus profonde estime. Sa sœur, mademoiselle Claire, que j'ai l'honneur de diriger, est une de nos meilleures paroissiennes.

Et comme Marius le regardait, ne trouvant rien à répondre, Donadéi ajouta en rougissant légèrement :

— C'est une personne charmante, d'une piété exemplaire...

Il salua avec une exquise politesse et ferma la porte doucement. L'abbé Chastanier et Marius, restés seuls sur le trottoir, se regardèrent, et le jeune homme ne put s'empêcher de hausser les épaules. Le vieux prêtre était confus de voir un ministre de Dieu jouer ainsi la comédie. Il se tourna vers son compagnon et lui dit en hésitant :

— Mon ami, ne faut pas en vouloir à Dieu, si ses ministres ne sont pas toujours ce qu'ils devraient être. Ce jeune homme que nous venons de voir, n'est coupable que d'ambition...

Il continua ainsi, excusant Donadéi. Marius le regardait, touché de sa bonté, et, malgré lui, il comparait ce vieillard pauvre et modeste au puissant et gracieux abbé, dont les sourires faisaient loi dans le diocèse. Alors il pensa que l'Église n'aimait pas ses fils d'un égal amour et que, comme toutes les mères, elle gâtait les visages roses et les cœurs rusés, et négligeait les âmes tendres et humbles qui se dévouent dans l'ombre.

Les deux visiteurs s'éloignaient, lorsqu'une voiture s'arrêta devant la petite maison close et discrète. Marius vit descendre M. de Cazalis de la voiture; le député entra vivement chez l'abbé Donadéi.

— Tenez, regardez, mon père, s'écria le jeune homme. Je suis certain que le caractère sacré de ce prêtre ne va pas lui défendre de travailler à la vengeance de M. de Cazalis.

Il eut la tentation de rentrer dans cette maison, où l'on faisait jouer à Dieu un rôle si misérable. Puis il se calma, il remercia l'abbé Chastanier, il s'éloigna, en se disant avec désespoir que la dernière porte de salut, celle dont le haut clergé tenait la clef, se fermait devant lui.

Le lendemain, M. Martelly lui rendit compte d'une démarche qu'il venait de tenter auprès du premier notaire de Marseille, M. Douglas, homme pieux qui, en moins de huit ans, était devenu une véritable puissance par sa riche clientèle et ses larges aumônes. Le nom de ce notaire était aimé et respecté. On parlait avec admiration des vertus de ce travailleur intègre qui vivait frugalement ; on avait une confiance sans bornes dans son honnêteté et dans l'activité de son intelligence.

M. Martelly s'était servi de son ministère pour placer quelques capitaux. Il espérait que, si Douglas voulait prêter son appui à Marius, ce dernier aurait une partie du clergé pour lui. Il se rendit chez le notaire et lui demanda son aide. Douglas, qui semblait très préoccupé, balbutia une réponse évasive, disant qu'il était surchargé d'affaires, qu'il ne pouvait lutter contre M. de Cazalis.

— Je n'ai pas insisté, dit M. Martelly à Marius, j'ai cru comprendre que votre adversaire vous avait devancé... Je suis pourtant étonné que M. Douglas, un homme probe, se soit laissé lier les mains... Maintenant, mon pauvre ami, je crois que la partie est bien perdue.

Marius n'avait plus aucune espérance.

Pendant un mois, il courut Marseille, tâchant de gagner à sa cause quelques hommes influents. Partout on le reçut froidement, avec une politesse railleuse. M. Martelly ne fut pas plus heureux. Le député avait rallié toute la noblesse et le haut clergé autour de lui. La bourgeoisie, les gens de commerce riaient sous cape, sans vouloir agir, ayant une peur atroce de se compromettre. Quant au peuple, il chansonnait M. de Cazalis et sa nièce, ne pouvant servir autrement Philippe Cayol.

Les jours s'écoulaient, l'instruction du procès crim... marchait bon train. Marius était aussi ... que le premier jour pour défendre son frère contre la haine de M. de Cazalis et les mensonges complaisants de Blanche. Il avait toujours à ses côtés M. Martelly qui se déclarait impuissant, et Fine, dont les bavardages emportés ne gagnaient à Philippe que les sympathies chaleureuses des filles du peuple.

Un matin, Marius apprit que son frère et le jardinier Ayasse venaient d'être mis en accusation, le premier comme coupable de rapt, le second comme complice de ce crime. Madame Cayol avait été relâchée, les preuves manquant pour l'impliquer dans le procès.

Marius courut embrasser sa mère. La pauvre et sainte femme avait beaucoup souffert pendant sa captivité; sa santé chancelante se

trouvait gravement compromise. Quelques
jours après sa sortie de prison, elle s'éteignait
doucement dans les bras de son fils qui jurait
en sanglotant de venger sa mort.

Le convoi devint une cause de manifesta-
tion populaire. La mère de Philippe fut conduite au cimetière Saint-Charles, suivie d'un
immense cortège de femmes du peuple qui ne
se gênaient pas pour accuser tout haut M. de
Cazalis. Peu s'en fallut que ces femmes n'al-
lassent ensuite jeter des pierres dans les fenêtres du député.

En revenant de l'enterrement, Marius,
dans son petit logement de la rue Sainte, se
sentit seul au monde et se mit à pleurer amèrement. Les larmes le soulagèrent; il vit la
route qu'il devait suivre, nettement tracée
devant ses pas. Les malheurs qui l'accablaient
grandissaient en lui l'amour de la vérité
et la haine de l'injustice. Il sentait que toute
sa vie allait être vouée à une œuvre sainte.

Il ne pouvait plus agir à Marseille. La scène
du drame se déplaçait. L'action devait se dé-
rouler maintenant à Aix, selon les péripéties
du procès. Marius voulait être sur les lieux
pour suivre les différentes phases de l'affaire
et profiter des incidents qui se présenteraient.
Il demanda à M. Martelly un congé d'un mois
que celui-ci s'empressa de lui accorder.

Le jour de son départ, il trouva Fine à la diligence.

— Je vais à Aix avec vous, lui dit tranquillement la jeune fille.

— Mais c'est une folie ! s'écria-t-il. Vous n'êtes point assez riche pour vous dévouer ainsi... Et vos fleurs, qui les vendra ?

— Oh ! j'ai mis à ma place une de mes amies, une fille qui demeure sur le même pallier que moi, place aux Œufs... Je me suis dit comme ça : « Je puis leur être utile, » j'ai passé ma plus belle robe, et me voilà.

— Je vous remercie bien, répondit simplement Marius d'une voix émue.

IX.

Où M. de Girousse fait des cancans.

A Aix, Marius descendit chez Isnard qui
demeurait rue d'Italie. Le mercier n'avait pas
été inquiété. On dédaignait sans doute une
proie d'une aussi mince valeur.

Fine alla droit chez le geôlier de la prison
dont elle était la nièce par alliance. Elle avait
son plan. Elle apportait un gros bouquet de
roses qui fut reçu à merveille. Ses jolis sourires, sa vivacité caressante la firent en deux
heures l'enfant gâtée de son oncle ; le geôlier
était veuf et avait deux filles en bas âge dont
Fine fut tout de suite la petite mère.

Le procès ne devait commencer que dans les premiers jours de la semaine suivante. Marius, les bras liés, n'osant plus tenter une seule démarche, attendait avec angoisse l'ouverture des débats. Par moments, il avait encore la folie d'espérer, de compter sur un acquittement.

Se promenant un soir sur le Cours, il rencontra M. de Girousse qui était venu de Lambesc pour assister au jugement de Philippe. Le vieux gentilhomme lui prit le bras, et, sans prononcer une parole, l'emmena dans son hôtel.

— Là, dit-il, en s'enfermant avec lui dans un grand salon, nous sommes seuls, mon ami. Je vais pouvoir être roturier à mon aise.

Marius souriait des allures brusques et originales du comte.

— Eh bien, continua celui-ci, vous ne me demandez pas de vous servir, de vous défendre contre de Cazalis?... Allons, vous êtes intelligent. Vous comprenez que je ne puis rien contre cette noblesse entêtée et vaniteuse à laquelle j'appartiens. Ah ! votre frère a fait là un beau coup.

M. de Girousse marchait à grands pas dans le salon. Brusquement, il se planta devant Marius.

— Ecoutez bien notre histoire, dit-il d'une voix haute. Nous sommes, dans cette bonne ville, une cinquantaine de vieux bons hommes comme moi qui vivons à part, cloîtrés au fond d'un passé mort à jamais. Nous nous disons la fine fleur de la Provence, et nous restons-là, inactifs, à rouler nos pouces... D'ailleurs, nous sommes des gentilshommes, des cœurs chevaleresques, attendant avec dévotion le retour de leurs princes légitimes. Eh ! mordieu, nous attendrons longtemps, si longtemps que la solitude et la paresse nous auront tués, avant que le moindre prince légitime ne se montre. Si nous avions de bons yeux, nous verrions marcher les évènements. Nous crions aux faits : « Vous n'irez pas plus loin ! » et les faits nous passent tranquillement sur le corps et nous écrasent. J'enrage, lorsque je nous vois enfermés dans un entêtement aussi ridicule qu'héroïque. Dire que nous sommes presque tous riches, que nous pourrions presque tous faire des industriels intelligents qui travailleraient à la prospérité de la contrée, et que nous préférons moisir au fond de nos hôtels, comme de vieux débris d'un autre âge !

Il reprit haleine, puis continua avec plus de force.

— Et nous sommes tout orgueilleux de notre existence vide. Nous ne travaillons pas, par dédain pour le travail. Nous avons une sainte horreur du peuple dont les mains sont noires... Ah! votre frère a touché à une de nos filles! On lui fera voir s'il est du même bois que nous. Nous allons nous liguer tous ensemble et donner une leçon aux vilains; nous leur ôterons l'envie de se faire aimer de nos enfants. Quelques ecclésiastiques puissants nous seconderont; ils sont fatalement liés à notre cause... Ce sera une bonne campagne pour notre vanité.

Après un instant de silence, M. de Girousse reprit en raillant:

— Notre vanité... Elle a reçu parfois de larges accrocs. Quelques années avant ma naissance, un drame terrible se passa dans l'hôtel qui est voisin du mien. M. d'Entrecasteaux, président du Parlement, y assassina sa femme dans son lit; il lui coupa la gorge d'un coup de rasoir, poussé, dit-on, par une passion qu'il voulait contenter même à l'aide du crime. Le rasoir ne fut retrouvé que vingt-cinq jours après au fond du jardin; on trouva également dans le puits les bijoux de la victime que le meurtrier y avait jetés, pour faire croire à la justice que l'assassinat avait eu le vol pour mobile. Le président d'Entrecasteaux prit la fuite et se retira, je crois, en Portugal où il mourut misérablement. Le Parlement le condamna par contumace à être roué vif. Vous voyez que nous avons aussi nos scélérats et que le peuple n'a rien à nous envier. Cette

4

lâche cruauté d'un des nôtres porta, dans le temps, un rude coup à notre autorité. Un romancier pourrait faire une œuvre poignante de cette sanglante et lugubre histoire.

— Et nous savons aussi plier l'échine, dit encore M. de Girousse qui s'était remis à marcher. Ainsi, lorsque Fouché, le régicide, alors duc d'Otrante, fut, vers 1810, exilé un moment dans notre ville, toute la noblesse se traîna à ses pieds. Je me rappelle une anecdote qui montre à quelle plate servilité nous étions descendus. Au 1er janvier 1811, on faisait queue pour offrir à l'ancien conventionnel des vœux de bonne année ; dans le salon de réception on parlait du froid rigoureux qu'il faisait, et un des visiteurs exprimait des craintes sur le sort des oliviers. « Eh ! que nous importent les oliviers ! s'écria un des nobles personnages, pourvu que M. le duc se porte bien !... » Voilà comme nous sommes, aujourd'hui, mon ami : humbles avec les puissants, hautains avec les faibles. Il y a sans doute des exceptions, mais elles sont rares... Vous voyez bien que votre frère sera condamné. Notre orgueil qui plie devant un Fouché, ne peut plier devant un Cayol. Cela est logique... Bonsoir.

Et le comte congédia brusquement Marius. Il s'était exaspéré lui-même en parlant, il craignait que la colère ne finît par lui faire dire des sottises.

Le lendemain, le jeune homme le rencontra de nouveau. M. de Girousse, comme la veille, l'entraina dans son hôtel. Il tenait à la main un journal où se trouvaient imprimés les noms des jurés qui devaient juger Philippe.

Il frappa du doigt avec force sur le journal.

— Voilà donc les hommes, s'écria-t-il, qui vont juger votre frère... Voulez-vous que je vous raconte à leur sujet quelques histoires ? Ces histoires sont curieuses et instructives.

M. de Girousse s'était assis. Il parcourait le journal du regard, avec des haussements d'épaules.

— C'est là, dit-il enfin, un jury de choix, une assemblée de gens riches qui ont intérêt à servir la cause de M. de Cazalis... Ils sont tous plus ou moins marguilliers, plus ou moins répandus dans les salons de la noblesse... Ils ont presque tous pour amis des hommes qui passent leurs matinées dans les églises, et qui exploitent leurs clients le reste du jour...

Puis il nomma les jurés un à un, et parla du monde qu'ils fréquentaient avec une violence indignée.

— Humbert, dit-il, le frère d'un négociant de Marseille, d'un marchand d'huile, honnête homme qui tient le haut du pavé et que tous les pauvres diables saluent. Il y a vingt ans, leur père n'était que petit commis. Au-

jourd'hui, les fils sont millionnaires, grâce à
ses spéculations habiles. Une année, il vend à
l'avance, au prix courant, une grande quantité d'huile. Quelques semaines après, le froid
tue les oliviers, la récolte est perdue, il est
ruiné s'il ne trompe ses clients. Mais notre
homme préfère être trompeur que pauvre.
Tandis que ses confrères livrent à perte de
bonne marchandise, il achète toutes les huiles
gâtées, toutes les huiles rances qu'il peut
trouver, et il fait les livraisons promises. Les
clients se plaignent, se fâchent. Le spécula-
teur répond avec sang-froid qu'il tient stric-
tement ses promesses, et qu'on n'a rien de
plus à lui demander. Et le tour est joué. Tout
Marseille, qui connaît cette histoire, n'a pas
assez de coups de chapeau pour cet homme
adroit.

Gautier... autre négociant de Marseille.
Celui-là a un neveu, Paul Bertrand, qui a
escroqué en grand. Ce Bertrand était associé
avec un sieur Aubert, de New-York, qui lui
envoyait des navires de marchandises dont le
chargement devait être vendu à Marseille. Ils
avaient chacun une part égale dans les bénéfices. Notre homme gagnait beaucoup d'argent à ce commerce, d'autant plus qu'il avait
le soin de tromper son associé à chaque par-
tage. Un jour, une crise éclate, les pertes ar-
rivent. Bertrand continue à accepter les mar-

chandises que les navires apportent toujours, mais il refuse de payer les traites qu'Aubert tire sur lui, disant que les affaires vont mal et qu'il est gêné. Les traites font retour, et reviennent de nouveau, avec des frais énormes. Alors Bertrand déclare tranquillement qu'il ne veut pas payer, qu'il n'est pas obligé de rester éternellement l'associé d'Aubert et qu'il ne doit rien. Nouveau retour des traites, nouveaux frais, remboursement onéreux pour le négociant de New-York indigné et surpris. Ce dernier, qui n'a pu plaider que par procuration, a perdu le procès en dommages-intérêts qu'il a intenté à Bertrand ; on m'a affirmé que les deux tiers de sa fortune, douze cent mille francs, avaient disparu dans cette catastrophe... Bertrand reste le plus honnête homme du monde; il est membre de toutes les sociétés, de plusieurs congrégations ; on l'envie et on l'honore...

— Dutailly... un marchand de blé. Il est arrivé anciennement à un de ses gendres, Georges Fouque, une mésaventure dont ses amis se sont hâtés d'étouffer le scandale. Fouque, s'arrangeait toujours de manière à faire trouver des avaries aux chargements que les navires lui apportaient. Les sociétés d'assurances payaient, sur le rapport d'un expert. Fatiguées de payer toujours, ces sociétés chargent de l'expertise un honnête boulanger, qui re-

çoit bientôt la visite de Fouque. Celui-ci,
tout en causant de choses indifférentes, lui
glisse dans la main quelques pièces d'or. Le
boulanger laisse tomber les pièces et, d'un
coup de pied, les lance au milieu de l'appartement. La scène se passait devant plusieurs
personnes... Fouque n'a rien perdu de son
crédit.

— Delorme... Celui-là habite une ville
voisine de Marseille. Il est retiré du commerce depuis longtemps. Ecoutez l'infamie
que son cousin Mille a commise. Il y a une
trentaine d'années, la mère de Mille tenait
un magasin de mercerie. Lorsque la vieille
dame se retira, elle céda son fonds à un de
ses commis, garçon actif et intelligent qu'elle
considérait presque comme un fils. Le jeune
homme, nommé Michel, acquitta vite sa dette
et augmenta tellement le cercle de ses affaires
qu'il se vit obligé de prendre un associé. Il
choisit un garçon de Marseille, Jean Martin,
qui avait quelque argent, et qui paraissait être
un homme d'honneur et de travail. C'était
une fortune assurée que Michel offrait à son
associé. Dans les commencements, tout alla
pour le mieux. Les bénéfices augmentaient
chaque année, et les deux associés mettaient
chacun de côté des sommes rondes au bout
de l'an. Mais Jean Martin, âpre au gain et
qui rêvait une fortune rapide, finit par se

dire qu'il gagnerait le double, s'il était seul.
La chose était difficile ; Michel, en somme,
était son bienfaiteur, et il avait pour ami le
propriétaire de la maison, le fils de Mme
Mille. Pour peu que ce dernier fut honnête,
Jean Martin devait échouer dans son indigne
projet. Il alla le voir, comptant trouver un
homme de son espèce, et en effet il trouva en
lui le coquin qu'il cherchait. Il lui offrit de
passer un nouveau bail à son nom, moyen-
nant une forte somme d'argent, et comme
Mille se faisait marchander, il doubla, il
tripla la somme. Mille, qui est un cuis-
tre et un avare, se vendit le plus cher possible ; le marché fut conclu. Alors Jean Martin
joua auprès de Michel un rôle d'hypocrite ; il
lui dit qu'il désirait rompre leur acte de société pour aller s'établir plus loin ; il lui désigna même le local qu'il avait loué. Michel,
étonné, mais ne pouvant soupçonner l'infamie dont il devait être la victime, lui dit
qu'il était libre de se retirer, et l'acte fut
rompu. Peu de temps après, le bail de Michel
finissait ; Jean Martin, son nouveau bail à la
main, mettait triomphalement son associé à
la porte... De pareils crimes échappent à la
justice humaine. Mais les gens lâches et avides sont condamnés devant le tribunal des
hommes d'honneur. Je n'ai pas assez de mépris pour ce Mille, qui était l'ami d'enfance,

pour ainsi dire le frère de Michel, et qui l'a
trahi d'une façon si venale et si basse. Il y a
de ces consciences sales qui portent légèrement le poids d'une infamie. Puisqu'on ne
peut conduire en cour d'assises ces criminels
adroits, qui jettent leurs amis sur le pavé
pour un sac de pièces de cent sous, il fau-
drait qu'on affichât leurs noms en grosses
lettres dans les carrefours, et que chaque passant crachât sur ces noms. C'est là l'ignoble
pilori qu'ils méritent... Michel, qu'une pareille trahison avait rendu presque fou, alla
s'établir plus loin; mais, n'ayant plus de clientèle, il perdit l'argent péniblement amassé
par trente années de travail. Il est mort para-
lytique, dans des souffrances atroces, en
criant que Mille et Martin étaient des misérables, des traîtres, et en demandant vengeance à ses fils... Aujourd'hui, ses fils tra-
vaillent, suent sang et eau pour se faire une
position. Mille est allié aux premières familles de la ville ; ses enfants sont riches, ils
vivent grassement dans la dévotion et dans
l'estime de tous...

— Faivre... Sa mère avait épousé en secondes noces un sieur Chabran, armateur et
escompteur. Sous prétexte de spéculations
malheureuses, Chabran écrit un jour à ses
nombreux créanciers qu'il est obligé de sus-
pendre ses paiements. Quelques-uns consen-

tent à lui donner du temps. La majorité veut
poursuivre. Alors Chabran se procure, en
qualité d'employés, deux jeunes garçons auxquels il apprend, huit jours durant, une certaine leçon ; puis, flanqué de ces deux petits
êtres, parfaitement dressés, il va voir, l'un
après l'autre, tous ses créanciers, se lamen-
tant sur sa détresse, et demandant pitié pour
ses deux fils, déguenillés et sans pain. Le tour
réussit à merveille. Tous les créanciers dé-
chirèrent leurs titres..... Le lendemain, Chabran était à la Bourse, plus calme et plus
insolent que jamais. Un courtier, qui ignorait l'affaire, vint lui proposer à escompter
deux valeurs, signées précisément des négociants qui avaient, la veille, donné quittance
à ce misérable : « Je ne fais rien, dit-il, hau-
tement, avec des gens de cette classe... »
Aujourd'hui, Chabran est à peu près retiré
des affaires, il habite une splendide villa, où
il donne le dimanche de somptueux dîners.

— Gerominot..... Le président du cercle où
il passe ses soirées est un usurier de la
pire espèce. Il a gagné, dit-on, à ce métier là, un petit million, ce qui lui a permis de marier sa fille à un gros bonnet de
la finance. Son nom est Pertigny. Mais, depuis la faillite qui lui a laissé dans les mains
un capital de trois cent mille francs, il se
fait appeler Félix. Cet adroit coquin avait

fait, il y a quarante ans, une première faillite
qui lui permit d'acheter une maison. Les
créanciers reçurent le 15 pour cent. Dix ans
plus tard, une seconde faillite le mit à même
d'acquérir une superbe maison de campagne.
Ses créanciers reçurent le 10 pour cent. Il y
a quinze ans à peine, il fit enfin une troisième
faillite de 300,000 francs et offrit le 5 pour
cent. Les créanciers ayant refusé, il leur prouva
que tous ses biens étaient à sa femme, et il ne
donna pas un centime...

Marius était écœuré, il fit un geste de dégoût, comme pour interrompre ces récits
honteux.

— Vous ne me croyez peut-être pas, reprit
le terrible comte, avec une certaine hauteur.
Vous êtes un jeune naïf, mon ami. Je n'ai pas
fini, je veux que vous m'écoutiez jusqu'au
bout.

M. de Girousse raillait avec une verve sinistre. Ses paroles, hautes et sifflantes, tombaient avec des bruits de fouet sur les gens
dont il racontait les sales histoires. On reconnaissait le gentilhomme dédaigneux à la liberté de ses paroles et à la fougue généreuse
de son emportement.

Il nomma les jurés à la file ; il fouilla
leur vie, et celle de leur famille, il en mit à
nu toutes les hontes et toutes les misères.
A peine en épargna-t-il quelques-uns. Puis il

se posa violemment devant Marius et continua avec âpreté.

— Auriez-vous la naïveté de croire que tous ces millionnaires, que tous ces parvenus, que tous ces gens puissants qui vous dominent et vous écrasent aujourd'hui, sont de petits saints, des justes, dont la vie est sans tache ? Ces hommes étalent, à Marseille surtout, leur vanité et leur insolence ; ils sont devenus dévots et cafards ; ils ont trompé jusqu'aux honnêtes gens qui les saluent et les estiment. En un mot, ils forment à eux tous une aristocratie ; leur passé est oublié, on ne voit que leur richesse et leur probité de fraîche date. Eh bien ! j'arrache les masques. Ecoutez... Celui-ci a fait fortune en trahissant un ami ; cet autre en vendant de la chair humaine ; cet autre en vendant sa femme ou sa fille ; cet autre en spéculant sur la misère de ses créanciers ; cet autre en rachetant à vil prix, après les avoir lui-même adroitement discréditées, toutes les actions d'une compagnie dont il était le gérant; cet autre en coulant un navire chargé de pierres en guise de marchandises, et en se faisant payer par la compagnie d'assurance le prix de cet étrange chargement ; cet autre, associé sur parole, en refusant de partager les chances d'une opération, dès que cette opération est devenue mauvaise ; cet autre en dissimulant son actif, en

faisant deux ou trois faillites et en vivant
ensuite comme un homme de bien ; cet autre
en vendant pour du vin de l'eau de campêche
ou du sang de bœuf ; cet autre en accaparant
les blés en mer pendant les années de disette;
cet autre en fraudant le fisc sur une grande-
échelle, en essayant de corrompre les employés et en volant tout son saoul l'adminis-
tration ; cet autre en mettant au bas de ses
billets des signatures fausses de parents ou
d'amis qui n'osent nier, le jour de l'échéance,
et qui paient au besoin, plutôt que de compromettre le faussaire ; cet autre en incen-
diant lui-même son usine ou ses vaisseaux,
assurés au-delà de leur valeur ; cet autre en
déchirant et en jetant au feu les billets qu'il
a arrachés des mains de son créancier, le jour
du paiement ; cet autre en jouant à la Bourse
avec l'intention de ne pas payer, s'il perd, et
en refusant en effet de payer, ce qui ne l'em-
pêche pas de s'enrichir, huit jours après, aux
dépens de quelque dupe...

La respiration manqua à M. de Girousse.
Il garda un long silence, laissant sa colère se
calmer. Ses lèvres s'ouvrirent de nouveau, il
eut un sourire moins amer.

— Je suis un peu misanthrope, dit-il doucement à Marius qui l'avait écouté avec douleur et surprise, je vois tout en noir. C'est
que l'oisiveté à laquelle mon titre me con-

damne, m'a permis d'étudier les hontes de ce
pays. Mais sachez qu'il y a d'honnêtes gens
parmi nous ; s'ils voulaient se lever en masse,
ils écraseraient aisément les coquins. Je prie
Dieu chaque soir que cettte guerre civile de
la vertu contre le vice ait lieu au plus tôt...
Quant à vous, ne comptez que sur l'équité de
la magistrature ; vous trouverez en elle un
appui ferme, indépendant et loyal. Ses membres ne rampent pas comme des esclaves devant
les volontés du riche et du puissant. J'ai toujours eu pour la magistrature un respect fana-
tique, car elle représente la vérité et la justice sur la terre.

Marius prit congé de M. de Girousse, tout
bouleversé par les paroles ardentes qu'il venait d'entendre. Il prévoyait que son frère
serait impitoyablement condamné. L'ouverture des débats devait avoir lieu le lendemain.

X.

Un procès scandaleux.

———————

Tout Aix était en émoi. Le scandale éclate
avec une énergie étrange dans les petites villes paisibles, où la curiosité des oisifs n'a pas
chaque jour un nouvel aliment. Il n'était
bruit que de Philippe et de Blanche ; on
racontait en pleine rue les aventures des jeunes amants, on disait tout haut que l'accusé
était condamné à l'avance, et que M. de
Cazalis avait, par lui ou ses amis, demandé sa
condamnation à chaque juré.

Le clergé d'Aix prêtait son appui au député,
assez faiblement il est vrai ; il y avait alors,

dans ce clergé, des hommes éminents et honorables, auxquels il répugnait de travailler à une injustice. Quelques prêtres obéirent cependant aux influences venues du cercle religieux de Marseille, dont l'abbé Donadei était, pour ainsi dire, le maître. Ces prêtres essayèrent par des visites, par des démarches habiles, de lier les mains à la magistrature dont on craignait l'esprit droit et ferme. Ils ne réussirent qu'à persuader aux jurés la sainteté de la cause de M. de Cazalis.

La noblesse les aida puissamment dans cette tâche. Elle se croyait engagée d'honneur à écraser Philippe Cayol. Elle le regardait comme un ennemi personnel qui avait osé attenter à la dignité d'un des siens, et qui, par là même, l'avait insultée toute entière. A voir ces comtes et ces marquis se remuer, s'irriter, se liguer en masse, on eût cru que les ennemis se trouvaient aux portes de la ville. Il s'agissait simplement de faire condamner un pauvre diable, coupable d'amour et d'ambition.

Philippe avait aussi des amis, des défenseurs. Tout le peuple se déclarait franchement pour lui. Les basses classes blâmaient sa conduite, réprouvaient les moyens qu'il avait employés, disaient qu'il aurait mieux fait d'aimer et d'épouser une simple bourgeoise comme lui ; mais, tout en condamnant ses actes, elles le défendaient bruyamment contre l'orgueil et la haine de M. de Cazalis. On savait, dans la ville, que Blanche, chez le juge d'instruction, avait renié son amour, et les filles du peuple, vraies provençales, c'est-à-dire dévouées et courageuses, la traitaient avec un mépris insultant. Elles l'appelaient « la renégate; » elles cherchaient à sa conduite des motifs honteux, et ne se gênaient pas pour crier leur opinion sur les places, dans le langage énergique des rues.

Ce tapage compromettait singulièrement la cause de Philippe. La ville entière était dans le secret du drame qui allait se jouer. Ceux qui avaient intérêt à faire condamner l'accusé, ne prenaient même pas la peine de cacher leurs démarches, étant certains de leur triomphe; ceux qui auraient voulu sauver le frère de Marius, se sentant faibles et désarmés, se soulageaient en criant, heureux d'irriter les gens puissants qu'ils n'avaient pas l'espérance de vaincre.

M. de Cazalis avait, sans honte, traîné sa nièce jusqu'à Aix. Pendant les premiers jours, il prit comme une volupté orgueilleuse à la promener sur le Cours. Il protestait par là contre l'idée de déshonneur que la foule attachait à la fuite de la jeune fille ; il semblait dire à tous : « Vous voyez qu'un ma-

nant ne saurait déshonorer une Cazalis. Ma
nièce vous domine encore du haut de son
titre et de sa fortune. »

Mais il ne put continuer longtemps de pa-
reilles promenades. La foule s'irrita de son
attitude, elle insulta Blanche, elle manqua de
jeter des pierres à l'oncle et à la nièce. Les
femmes surtout se montrèrent acharnées ;
elles ne comprenaient pas que la jeune fille
n'était point tant coupable et qu'elle obéis-
sait simplement à une volonté de fer.

Blanche tremblait devant la colère populaire. Elle baissait les yeux pour ne pas voir
ces femmes qui la regardaient avec des yeux
ardents. Elle sentait derrière elle des gestes
de mépris, elle entendait des mots horribles
qu'elle ne comprenait pas, et ses jambes
chancelaient, elle se tenait au bras de son
oncle pour ne pas tomber. Pâle, frémissante,
elle rentra un jour en déclarant qu'elle ne
sortirait plus.

La pauvre enfant allait être mère.

Enfin, les débats s'ouvrirent. Dès le matin,
les portes du Palais-de-Justice furent assié-
gées ; des groupes se formèrent au milieu de
la place des Prêcheurs, gesticulant, parlant à
voix haute. On clabaudait sur l'issue proba-
ble du procès, on discutait la culpabilité de
Philippe et l'attitude de M. de Cazalis et de
Blanche.

La salle des assises s'emplissait lentement.
On avait ajouté plusieurs rangs de chaises
pour les personnes munies de billets ; ces
personnes étaient en si grand nombre qu'elles durent presque toutes se tenir debout. Il y
avait là la fine fleur de la noblesse, des avo-
cats, des fonctionnaires, tous les personnages
notables d'Aix. Jamais accusé n'avait eu un
pareil parterre. Lorsqu'on ouvrit les portes
pour laisser entrer le gros public, à peine
quelques curieux purent-ils trouver place.
Les autres furent obligés de stationner à la
porte, dans les couloirs, jusque sur les marches du Palais. Et, par moment, il s'élevait
de cette foule des murmures, des huées, dont
les bruits pénétraient et grandissaient dans
la salle, troublant la tranquille majesté du
lieu.

Les dames avaient envahi la tribune. Elles
formaient, là-haut, une masse compacte de
visages anxieux et souriants. Celles qui
étaient au premier rang, s'éventaient, se
penchaient, laissaient traîner leurs mains
gantées sur le velours rouge de la balustrade.
Puis, dans l'ombre, montaient des rangs
pressés de faces roses, dont on ne voyait pas
les corps. Ces faces roses étaient comme en-
fouies au milieu des dentelles, des rubans,
des étoffes de soie et de satin ; çà et là, bril-
lait l'éclair rapide d'un bijou, lorsqu'une

des têtes se tournait. Et, de cette foule rougissante et bavarde, tombaient des rires perlés, des paroles adoucies, de petits cris aigus. Ces dames étaient au spectacle.

Lorsque Philippe Cayol fut introduit, il se fit un grand silence. Toutes les dames le dévorèrent du regard ; quelques-unes d'entre-elles braquèrent sur lui des lorgnettes de théâtre, l'examinant de haut en bas. Ce grand garçon, dont les traits énergiques annonçaient les appétits violents, eut un succès d'estime. Les femmes, qui étaient venues pour juger du goût de Blanche, trouvèrent sans doute la jeune fille moins coupable, quand elles virent la haute taille et les regards clairs de son amant.

L'attitude de Philippe fut calme et digne. Il était vêtu tout de noir. Il semblait ignorer la présence de deux gendarmes qui étaient à ses côtés, il se dressait et s'asseyait avec les grâces d'un homme du monde. Par moments, il regardait la foule tranquillement, sans effronterie. Il leva plusieurs fois les yeux vers la tribune, et, chaque fois, malgré lui, il eut des sourires tendres ; ses incorrigibles habitudes d'aimer et de vouloir plaire le reprenaient, même devant la justice.

On lut l'acte d'accusation.

Cet acte était écrasant pour l'accusé. Les faits, selon les dépositions de M. de Cazalis et

de sa nièce, s'y trouvaient interprêtés d'une
façon habile et terrible. On y disait que Philippe avait séduit Blanche à l'aide de mauvais romans ; la vérité était qu'il s'agissait de
deux ouvrages de Mme de Genlis, parfaitement puérils. L'accusation disait, en outre,
en acceptant la version de Blanche, que la
jeune fille avait été enlevée avec violence,
qu'elle s'était cramponnée à un amandier, et
que, pendant toute la fuite, le séducteur avait
dû employer l'intimidation pour se faire suivre par sa victime. Enfin, le fait le plus grave
consistait dans une affirmation de M¹¹ᵉ de Cazalis : elle prétendait qu'elle n'avait jamais
écrit de lettres à Philippe et que les deux lettres présentées par l'accusé, étaient des lettres antidatées qu'il lui avait fait écrire à
Lambesc, par mesure de précaution.

Lorsque la lecture de l'acte d'accusation
fut achevée, la salle s'emplit du murmure
bruyant des conversations particulières. Chacun, avant de venir au Palais, avait sa version, et chacun discutait, à demi-voix, le récit
officiel. Au dehors, la foule poussait de véritables cris. Le président menaça de faire
évacuer la salle, et le silence se rétablit peu
à peu.

Alors on procéda à l'interrogatoire de Philippe Cayol.

Lorsque le président lui eut fait les demandes d'usage et qu'il lui eut répété les motifs de l'accusation qui pesait sur lui, le jeune homme, sans répondre, dit d'une voix claire :

— Je suis accusé d'avoir été enlevé par une jeune fille.

Ces paroles firent sourire tous les assistants. Les dames se cachèrent derrière leur éventail pour s'égayer à leur aise. C'est que la phrase de Philippe, toute folle et absurde qu'elle paraissait, contenait cependant l'exacte vérité. Le président fit remarquer avec raison que jamais on n'avait vu un jeune homme de trente ans enlevé par une jeune fille de seize ans.

— On n'a jamais vu non plus, répondit tranquillement Philippe, une jeune fille de seize ans courant les grands chemins, traversant des villes, rencontrant des centaines de personnes, et ne songeant pas à appeler le premier passant venu pour la délivrer de son séducteur, de son geôlier.

— Et il s'attacha à montrer l'impossibilité matérielle de la violence et de l'intimidation dont on l'accusait. A chaque heure du jour, Blanche était libre de le quitter, de demander aide et secours ; si elle le suivait, c'est qu'elle l'aimait, c'est qu'elle avait consenti à la fuite. D'ailleurs, Philippe témoigna la plus grande tendresse pour la jeune fille et la plus grande déférence pour M. de Cazalis. Il reconnut ses torts, il demanda simplement qu'on ne fît pas de lui un séducteur indigne.

L'audience fut levée et renvoyée au lendemain pour l'audition des témoins. Le soir, la ville était bouleversée ; les dames parlaient de Philippe avec une indignation affectée, les hommes graves le traitaient avec plus ou moins de sévérité, les gens du peuple le défendaient avec énergie.

Le lendemain, la foule fut plus grande et plus bruyante encore, à la porte du Palais-de-Justice. Les témoins étaient presque tous des témoins à charge. M. de Girousse n'avait pas été cité ; on redoutait la franchise brusque de son esprit, et, d'autre part, il aurait dû être plutôt arrêté comme complice. Marius, lui-même, était allé le prier de ne point se compromettre dans cette affaire ; il craignait, ainsi que ses adversaires, l'esprit violent du vieux comte, dont une boutade pouvait tout gâter.

Il n'y eut guère qu'une déposition en faveur de Philippe, celle de l'aubergiste de Lambesc, qui vint déclarer que Blanche donnait à son compagnon le titre de mari. Cette déposition fut comme effacée par celles des autres témoins. Marguerite, la laitière, balbutia et dit qu'elle ne se souvenait plus d'avoir apporté à l'accusé les lettres de Mlle de

Cazalis. Chaque témoin servit ainsi les intérêts du député, soit par crainte, soit par sot-
tise et manque de mémoire.

Les plaidoiries commencèrent et demandè-
rent une nouvelle audience. L'avocat de Philippe le défendit avec une simplicité digne. Il
ne chercha pas à excuser ce qu'il y avait de
coupable dans sa conduite ; il le montra comme un homme ardent et ambitieux qui s'était
laissé égarer par des espoirs de richesse et
d'amour. Mais, en même temps, il prouva
que l'accusé ne pouvait être condamné pour
rapt et que l'affaire en elle-même excluait
toute idée de violence et d'intimidation.

Le réquisitoire du procureur du roi fut
terrible. On comptait sur une certaine douceur, et les accusations énergiques du magis-
trat eurent un effet désastreux. Le jury rap-
porta un verdict affirmatif. Philippe Cayol
fut condamné à cinq ans de réclusion et à
l'exposition publique sur une place de Marseille. Le jardinier Ayasse fut puni de quelques mois de prison seulement.

De vagues rumeurs s'élevèrent dans la
salle. Au dehors, la foule grondait.

XI.

Où Blanche et Fine se trouvent face à face.

Blanche, cachée au fond de la tribune, avait assisté à la condamnation de Philippe. Elle était là, par ordre de son oncle, qui voulait achever de tuer ses tendresses, en lui montrant son amant entre deux gendarmes, ainsi qu'un voleur. Une vieille parente s'était chargée de la conduire à ce spectacle édifiant.

Comme les deux femmes attendaient leur voiture, sur les marches du Palais, la foule qui se précipitait, les sépara brusquement. Blanche, entraînée au milieu de la place des

Prêcheurs, fut reconnue par des femmes de la halle qui se mirent à la huer et à l'insulter.

— C'est elle, c'est elle ! criaient ces femmes, la renégate, la renégate !...

La pauvre enfant, éperdue, ne sachant où fuir, se mourait de honte et de peur, lorsqu'une jeune fille écarta puissamment le groupe hurlant qui l'entourait, et vint se planter à côté d'elle.

C'était Fine.

La bouquetière, elle aussi, venait d'assister à la condamnation de Philippe. Pendant près de trois heures, elle avait passé par toutes les angoisses de l'espoir et de la crainte ; le réquisitoire du procureur du roi l'avait accablée, et elle s'était mise à pleurer en entendant prononcer le jugement.

Elle sortait du Palais, irritée, dans une surexcitation terrible, lorsqu'elle entendit les huées des femmes de la halle. Elle comprit que Blanche était là et qu'elle allait pouvoir se venger en l'injuriant ; elle accourut, les poings fermés, l'insulte à la bouche. Selon elle, la jeune fille était la grande coupable ; elle avait menti, elle avait commis un parjure et une lâcheté. A ces pensées, tout le sang plébéien de Fine lui montait à la face et la poussait à crier et à frapper.

Elle se précipita, elle écarta la foule pour prendre sa part de vengeance.

Mais lorsqu'elle fut devant Blanche, lorsqu'elle la vit pliée par l'effroi, cette enfant frissonnante et faible lui fit pitié. Elle la trouva toute petite, toute mignonne, d'une fragilité si délicate qu'il lui vint au cœur une pensée généreuse de pardon. Elle repoussa d'un geste violent les femmes qui montraient le poing à la demoiselle, et, se cambrant, d'une voix haute et sèche :

— Eh bien ! cria-t-elle, n'avez-vous pas honte ?... Elle est seule, et vous êtes cent contre elle. Dieu n'a pas besoin de vos cris pour la punir... Laissez-nous passer.

Elle avait pris la main de Blanche et se tenait droite et courroucée devant la foule qui murmurait et qui se serrait davantage pour ne pas livrer passage aux deux jeunes filles. Fine attendait, les lèvres pâles et tremblantes. Et comme elle rassurait la demoiselle du regard, elle vit qu'elle allait être mère. Elle devint toute blanche, et, marchant vers les femmes du premier rang :

— Laissez-nous passer, reprit-elle avec plus d'éclat... Vous ne voyez donc pas, misérables, que la pauvre fille est enceinte et que vous allez tuer son enfant !...

Elle repoussa une grosse commère qui ricanait. Toutes les autres femmes s'écartèrent.

Les paroles de Fine les avaient subitement
rendues silencieuses et compatissantes. Les
jeunes filles purent alors s'éloigner entre deux
haies de femmes, parmi lesquelles couraient
de vagues murmures de regret. Blanche, rouge de honte, se serrait avec peur contre sa
compagne et hâtait fièvreusement sa marche.

La bouquetière, pour éviter la rue du Pont-
Moreau, alors pleine de monde et de tapage,
prit la petite rue Saint-Jean. Arrivée sur le
Cours, elle conduisit mademoiselle de Cazalis
à son hôtel dont la porte se trouvait ouverte.
Pendant le trajet, elle n'avait pas prononcé
une parole.

Blanche la força à entrer dans le vestibule,
et là, poussant la porte à demi, se mettant
presque à genoux :

— Oh ! mademoiselle, dit-elle d'une voix
émue, que je vous remercie d'être venue à
mon secours !... Ces méchantes femmes allaient me tuer.

— Ne me remerciez pas, répondit Fine avec
brusquerie. J'étais venue comme les autres
pour vous insulter, pour vous battre.

— Vous !

— Oui, je vous hais, je voudrais que vous
fussiez morte au berceau.

Blanche regardait la bouquetière avec étonnement. Elle s'était redressée, ses instincts
aristocratiques se révoltaient maintenant, et

ses lèvres se plissaient légèrement de dédain.
Les deux jeunes filles se trouvaient face à face,
l'une avec toute sa grâce frêle, l'autre dans
sa beauté fraiche et énergique. Elles se con-
templaient, silencieuses, sentant gronder en
elles la rivalité de leur race et de leur cœur.

— Vous êtes belle, vous êtes riche, reprit
Fine avec amertume. Pourquoi êtes-vous venue me voler mon amant, puisque vous ne
pouviez avoir plus tard pour lui que du mépris et de la colère? Il fallait chercher dans
votre monde; vous auriez trouvé un garçon
aussi pâle et aussi lâche que vous, qui aurait
contenté vos amours de petite fille... Voyez-
vous, ne prenez pas nos hommes, ou nous
déchirerons vos visages roses.

— Je ne vous comprends pas, balbutia Blanche que la peur reprenait.

— Vous ne me comprenez pas... Ecoutez.
J'aimais monsieur Philippe. Il venait m'acheter des roses, le matin, et mon cœur battait à
se rompre, lorsque je lui donnais mes bouquets. Je sais à présent où allaient ces fleurs.
On m'a dit un jour qu'il s'était enfui avec
vous. J'ai pleuré, puis j'ai pensé que vous
l'aimeriez bien et qu'il serait heureux. Et
voilà que vous le faites mettre en prison....
Tenez, ne parlons pas de cela, je me fâche-
rais, je vous frapperais...

Elle s'arrêta, haletante, puis continua,

s'approchant, brûlant de son haleine ardente les joues glacées de Blanche :

— Vous ne savez donc pas comment nous aimons, nous les pauvres filles. Nous aimons de toute notre chair, de tout notre courage. Lorsque nous nous sauvons avec un homme, nous ne venons pas dire ensuite qu'il a profité de notre faiblesse. Nous le serrons avec force dans nos bras pour le défendre... Ah ! si monsieur Philippe m'avait aimée ! Mais je suis une malheureuse, une pauvresse, une laide...

Et Fine se mit à sangloter, aussi faible que mademoiselle de Cazalis. Celle-ci lui prit la main, et, la voix coupée de larmes :

— Par pitié, dit-elle, ne m'accusez pas. Voulez-vous être mon amie, voulez-vous que je mette mon cœur à nu devant vous... Je souffre tant, si vous saviez... Moi, je ne puis rien, j'obéis à mon oncle qui me brise dans ses mains de fer. Je suis lâche, je le sais; mais je n'ai pas la force de n'être point lâche... Et j'aime Philippe, je le trouve toujours en moi. Il me l'a bien dit : « Ton châtiment, si jamais tu me trahis, sera de m'aimer éternellement, de me garder sans cesse dans ta poitrine... » Il est là, il me brûle, il me tuera. Tout à l'heure, quand on l'a condamné, j'ai senti en moi quelque chose qui m'a fait tressaillir et qui m'a comme déchiré les entrailles... Je pleure, voyez, je vous demande grâce.

Toute la colère de Fine était tombée ; elle soutint Blanche qui chancelait.

— Vous avez raison, continua la pauvre enfant, je ne mérite pas de pitié. J'ai frappé celui que j'aime et qui ne m'aimera jamais plus... Ah ! par grâce, s'il devient un jour votre mari, dites-lui mes larmes, demandez-lui mon pardon. Ce qui me rend folle, c'est que je ne puis lui faire savoir que je l'adore ; il rirait, il ne comprendrait pas toute ma lâcheté... Non, ne lui parlez pas de moi. Qu'il m'oublie, cela vaut mieux : je serai seule à pleurer.

Il y eut un douloureux silence.

— Et votre enfant ? demanda Fine.

— Mon enfant, dit Blanche avec égarement, je ne sais... Mon oncle me le prendra.

— Voulez-vous que je lui serve de mère?

La bouquetière prononça ces mots d'une voix tendre et grave. Mademoiselle de Cazalis la serra entre ses bras, dans une étreinte passionnée.

— Oh ! vous êtes bonne, vous savez aimer... Tâchez de me voir à Marseille. Quand l'heure sera venue, je me confierai à vous...

En ce moment, la vieille parente rentrait, après avoir en vain cherché Blanche dans la foule. Fine se retira lestement et remonta le

Cours. Comme elle arrivait à la place des Carmelites, elle aperçut de loin Marius qui causait avec l'avocat de Philippe.

Le jeune homme était désespéré. Jamais il n'aurait cru qu'on pût condamner son frère à une peine si sévère. Les cinq années de prison l'épouvantaient; mais il était peut être encore plus douloureusement accablé par la pensée de l'exposition publique sur une place de Marseille. Il reconnaissait la main du député dans ce châtiment ; M. de Cazalis avait surtout voulu flétrir Philippe, le rendre à jamais indigne de l'amour d'une femme.

Autour de Marius, la foule criait à l'injustice ; il n'y avait qu'une voix dans le public pour protester contre l'énormité de la peine.

Et comme le jeune homme se récriait avec l'avocat, s'irritait et se désespérait, une main douce se posa sur son bras. Il se tourna vivement et aperçut Fine à son côté, calme et souriante.

— Espérez et suivez-moi, lui dit-elle à voix basse... Votre frère est sauvé.

XII

Qui prouve que le cœur d'un geôlier n'est pas toujours de pierre.

————

Pendant que Marius, avant le procès, courait la ville inutilement, Fine travaillait de son côté à l'œuvre de délivrance. Elle entreprenait une campagne en règle contre la conscience de son oncle, le geôlier Revertégat.

Elle s'était installée chez lui, elle passait ses journées dans la prison. Elle cherchait du matin au soir à se rendre utile, à se faire adorer de son parent qui vivait seul, comme un ours grondeur, avec ses deux petites filles. Elle l'attaqua dans son amour paternel ; elle eut des cajoleries charmantes pour

les enfants, elle dépensa toutes ses économies
en joujoux, en dragées, en chiffons de toilette. Les petites n'avaient pas l'habitude d'ê-
tre gâtées ; elles se prirent d'une tendresse
bruyante pour leur grande cousine qui les
faisait danser sur ses genoux et qui leur dis-
tribuait de si belles et de si bonnes choses.
Le père fut attendri, il remercia Fine avec
effusion.

Malgré lui, il subissait l'influence péné-
trante de la jeune fille. Il grondait, lorsqu'il
lui fallait quitter la chambre où elle était. La
bouquetière semblait avoir apporté avec elle
la senteur douce de ses fleurs, la fraîcheur de
ses roses et de ses violettes. La loge du geôlier
sentait bon, depuis qu'elle se trouvait là,
rieuse et légère ; ses jupes claires paraissaient
y jeter de la lumière, de l'air, de la gaîté.
Tout riait maintenant dans la salle noire, et
Revertégat disait avec un gros rire que le
printemps logeait chez lui. Le brave homme
s'oubliait dans les effluves caressantes de ce
printemps ; son cœur s'amollissait, il se dé-
partait peu à peu de la rudesse et de la sévérité de son métier.

Fine était une fille trop rusée pour ne pas
jouer son rôle avec une prudence câline. Elle
ne brusqua rien, elle amena peu à peu le
geôlier à la pitié et à la douceur. Puis, elle
plaignit Philippe devant lui, elle le força à

5

déclarer lui-même qu'on le retenait injustement en prison. Quand elle tint Revertégat dans ses mains, tout assoupli et tout obéissant, elle lui demanda si elle ne pouvait pas visiter la cellule de ce pauvre jeune homme. Le geôlier n'osa dire non; il conduisit sa nièce, la fit entrer et resta à la porte pour faire le guet.

Fine demeura toute sotte devant Philippe. Elle le regardait, confuse et rougissante, oubliant ce qu'elle voulait lui dire. Le jeune homme la reconnut et s'approcha vivement, d'un air tendre et charmé.

— Vous ici, ma chère enfant, s'écria-t-il. Ah! que vous êtes gentille de venir me voir... Me permettez-vous de vous baiser la main?

Philippe se croyait sûrement dans son petit appartement de la rue Sainte, et il n'était peut-être pas loin de rêver une nouvelle aventure. La bouquetière, surprise, presque blessée, retira sa main et regarda gravement l'amant de Blanche.

— Vous êtes fou, monsieur Philippe, répondit-elle. Vous savez bien que maintenant vous êtes marié pour moi... Parlons de choses sérieuses.

Elle baissa la voix et continua rapidement :

— Le geôlier est mon oncle, et, depuis huit jours, je travaille à votre délivrance. J'ai voulu vous voir pour vous dire que vos amis ne vous oublient pas... Espérez.

Philippe, en entendant ces bonnes paroles, regretta son accueil amoureux.

—Donnez-moi votre main, dit-il d'une voix émue. C'est un ami qui vous la demande pour vous la serrer en vieux camarade... Vous me pardonnez ?

La bouquetière sourit, sans répondre.

— Je pense, reprit-elle, pouvoir vous ouvrir prochainement la porte toute grande... Quel jour voulez-vous vous sauver ?

— Me sauver !... Mais je serai acquitté. A quoi bon fuir. Si je m'échappais, je déclarerais par là même que je suis coupable.

Fine n'avait pas songé à ce raisonnement. Pour elle, Philippe était condamné à l'avance ; mais, en somme, il avait raison, il fallait attendre le jugement. Comme elle gardait le silence, pensive et irrésolue, Revertégat frappa deux petits coups contre la porte pour la prier de quitter la cellule.

— Eh bien, reprit-elle en s'adressant au prisonnier, tenez-vous toujours prêt. Si vous êtes condamné, nous préparerons votre fuite, votre frère et moi... Ayez confiance.

Elle se retira, elle laissa Philippe presque amoureux. Maintenant elle avait du temps devant elle pour gagner son oncle. Elle continua à suivre sa tactique, émerveillant le

cher homme par sa bonté et sa grâce, l'api-
toyant sur le sort du prisonnier. Elle mit dans
la conspiration ses deux petites cousines qui,
sur un de ses désirs, auraient quitté leur
père pour la suivre. Un soir, après avoir attendri Revertégat par toutes les cajoleries
qu'elle put trouver en elle, elle en arriva
enfin à lui demander carrément la liberté de
Philippe.

— Pardieu ! s'écria le geôlier, si cela ne
dépendait que de moi, je lui ouvrirais tout de
suite la porte.

— Mais cela ne dépend que de vous, mon
oncle, répondit naïvement Fine.

— Ah ! tu crois... Le lendemain, on me
mettrait sur le pavé, et je crèverais de faim
avec mes deux filles.

Ces paroles rendirent la bouquetière toute
sérieuse.

— Mais, reprit-elle au bout d'un instant,
si je vous donnais de l'argent, moi, si j'aimais
ce garçon, si je vous priais à mains jointes de
me le rendre.

— Toi ! toi !... dit le geôlier avec étonnement.

Il s'était levé, il regardait sa nièce pour
voir si elle ne se moquait pas de lui.—Quand
il la vit grave et émue, il plia le dos, vaincu,
adouci, consentant du geste.

— Ma foi, ajouta-t-il, je ferai ce que tu

vendras... Tu es une trop bonne et trop belle fille.

Fine l'embrassa et parla d'autre chose. Maintenant elle était sûre de la victoire. A plusieurs reprises, de loin en loin, elle reprit la conversation, elle habitua Revertégat à l'idée de laisser échapper Philippe. Elle ne voulait pas jeter elle-même son parent dans la misère, et elle lui offrit la première une récompense de quinze mille francs. Cette offre éblouit le geôlier ; dès cet instant, il se livra, pieds et poings liés.

Et voilà comment Fine avait pu dire à Marius, avec son fin sourire : « Suivez-moi... Votre frère est sauvé. »

Elle mena le jeune homme à la prison. En chemin, elle lui conta toute sa campagne, elle lui dit comment elle avait peu à peu gagné son oncle. L'esprit droit de Marius se révolta d'abord au récit de cette comédie ; il lui répugnait de penser que son frère devrait son salut à la fuite, à l'achat d'une conscience. L'idée du devoir était tellement enracinée en lui qu'il éprouvait une certaine honte à payer Revertégat pour lui faire trahir le mandat qu'on lui avait confié. Puis il songea aux intrigues employées par M. de Cazalis, il se dit qu'il usait après tout des mêmes armes que ses adversaires, et le calme se fit en lui.

Il remercia Fine d'une façon touchante, il

ne sut comment lui témoigner sa reconnaissance. La jeune fille, heureuse de sa joie
émue, écoutait à peine ses protestations de
dévouement.

Ils ne purent voir Revertégat que le soir.
Le geôlier, dès les premiers mots de la conversation, montra à Marius ses deux petites
filles qui jouaient dans un coin de la salle.

— Monsieur, dit-il simplement, voici mon
excuse... Je ne demanderais pas un sou, si je
n'avais ces enfants à nourrir.

Cette scène était pénible pour Marius. Il
l'abrégea autant que possible. Il savait que
le geôlier cédait à la fois par intérêt et par
dévouement, et, s'il ne pouvait le mépriser,
il se sentait mal à l'aise en concluant avec
lui un pareil marché.

D'ailleurs, tout fut arrêté en quelques minutes. Marius déclara qu'il partirait le lendemain matin pour Marseille et qu'il en rap-
porterait les quinze mille francs promis par
Fine. Il comptait aller les prendre chez son
banquier ; sa mère avait laissé une cinquantaine de mille francs qui se trouvaient placés
chez M. Bérard, dont la maison était une des
plus fortes et des plus connues de la ville. La
bouquetière devait rester à Aix et y attendre
le retour du jeune homme.

Il partit, plein d'espérance, voyant déjà
son frère libre. Comme il descendait de la dili-

gence, à Marseille, il apprit une nouvelle terrible et inattendue qui l'écrasa. Le banquier
Bérard venait d'être mis en faillite.

XIII.

Une faillite comme on en voit beaucoup.

———

Marius courut chez le banquier Bérard. Il ne pouvait croire à la sinistre nouvelle, il avait la foi des cœurs honnêtes. En chemin, il se disait que les bruits qui couraient n'é-taient peut-être que des calomnies, et il se rattachait à des espérances folles. La perte de sa fortune, en ce moment, était la perte de son frère ; il lui semblait que le hasard n'au-rait point tant de cruauté ; le public devait se tromper, Bérard allait lui remettre son argent. Il avait besoin de voir par lui-même pour être convaincu.

Lorsqu'il entra dans la maison de banque, une angoisse froide le saisit au cœur. Il vit la désolante réalité. Les bureaux étaient vides ; ces grandes pièces désertes et calmes, avec leurs grillages fermés et leurs bureaux nus, lui parurent funèbres. Une fortune qui croule laisse je ne sais quelle désolation morne derrière elle. Il s'échappait des cartons, des papiers, de la caisse, une vague senteur de ruine. Les scellés étalaient partout leurs bandes blanches et leurs gros cachets rouges.

Marius traversa trois pièces sans trouver personne. Il découvrit enfin un commis qui était venu prendre dans un pupitre quelques objets lui appartenant. Le commis lui dit d'un ton brusque que M. Bérard était dans son cabinet.

Le jeune homme entra, frémissant, oubliant de fermer la porte. Il aperçut le banquier qui travaillait paisiblement, écrivant des lettres, rangeant des papiers, arrêtant des comptes. Cet homme, jeune encore, grand, d'une figure belle et intelligente, était mis avec une exquise recherche ; il portait des bagues aux doigts, il avait un air galant et riche. On eût pu croire qu'il venait de faire un bout de toilette pour recevoir ses clients et leur expliquer lui-même son désastre.

D'ailleurs, son attitude paraissait courageuse. Cet homme était une victime résignée

des circonstances, ou bien un fieffé coquin qui
payait d'audace.

En voyant entrer Marius, il prit un air de
componction ; il regarda en face son client, et
son visage exprima une sorte de tristesse
loyale.

— Je vous attendais, cher monsieur, dit-
il d'une voix émue. Vous le voyez, j'attends
toutes les personnes dont j'ai amené la ruine.
J'aurai du courage jusqu'au bout, je veux
que chacun puisse voir que je n'ai pas de rougeur au front.

Il prit un registre sur son bureau, et l'étala
avec une certaine affectation.

— Voici mes comptes, continua-t-il. Mon
passif est d'un million, mon actif d'un million
cinq cent mille francs... Le tribunal réglera,
et je veux croire que mes créanciers n'éprou-
veront point une perte trop forte... Je suis
le premier frappé ; j'ai perdu ma fortune et
mon crédit, je me suis laissé voler indignement par des débiteurs insolvables.

Marius n'avait pas encore prononcé un mot.
Devant le calme abattu de Bérard, devant
cette mise en scène d'une douleur austère, il
ne trouvait plus au fond de lui un seul cri de
reproche, une seule parole indignée et désespérée. Il plaignait presque cet homme qui
faisait tête à l'orage.

— Monsieur, lui dit-il enfin, pourquoi ne

m'avez-vous pas prévenu, lorsque vous avez
vu vos affaires s'embrouiller et tourner mal ?
Ma mère était amie de la vôtre, et, en souvenir
de nos anciennes relations, vous auriez dû me
faire retirer de chez vous cet argent que vous
alliez compromettre... Votre ruine, aujour-
d'hui, me dépouille entièrement et me jette
dans le désespoir.

Bérard s'avança vivement et saisit les mains
de Marius.

— Ne dites pas cela ! s'écria-t-il d'un ton
larmoyant, ne m'accablez pas. Ah ! vous
ignorez les regrets cruels qui me déchirent...
Quand j'ai vu le gouffre, j'ai voulu me rattra-
per aux branches ; j'ai lutté : jusqu'au dernier moment, j'ai espéré sauver les sommes
déposées entre mes mains... Vous ne savez
pas quelles terribles chances courent les ma-
nieurs d'argent.

Marius ne trouva rien à répondre. Que
pouvait-il dire à cet homme qui s'excusait en
s'accusant. Il n'avait pas de preuves, il n'osait
traiter Bérard de fripon, il ne lui restait qu'à
se retirer tranquillement. Puis, le banquier
parlait d'une voix si dolente, d'une façon si
pénétrée et si franche, qu'il en avait presque
pitié. Il se hâta de sortir pour le laisser tranquille. Son malheur l'accablait.

Comme il traversait de nouveau les bureaux
vides, le commis, qui avait fini de préparer

son petit déménagement, prit son paquet et
son chapeau et se mit à le suivre. Ce commis
ricanait entre ses dents, et, à chaque marche,
il regardait Marius d'un air étrange, en haus-
sant les épaules. En bas, sur le trottoir, il l'a-
borda brusquement.

— Eh bien ! lui dit-il, que pensez-vous du
sieur Bérard ?... C'est un fameux comédien,
n'est-ce pas ?... La porte du cabinet était restée ouverte ; j'ai bien ri à voir ses mines dé-
solées. Il a failli pleurer, l'honnête homme.
Permettez-moi de vous dire, monsieur, que
vous venez de vous laisser duper de la plus
galante façon.

— Je ne vous comprends pas, répondit Marius.

— Tant mieux. C'est que vous êtes un esprit droit et juste... Moi, je quitte cette bara-
que avec une joie profonde. Il y a longtemps
que je me doutais du coup ; j'avais prévu le
dénouement de cette haute comédie du vol.
J'ai un flair tout particulier pour sentir les
tripotages dans une maison.

— Expliquez-vous.

— Oh ! l'histoire est simple. Je puis vous
la conter en deux mots... Il y a dix ans que
Bérard a ouvert une maison de banque. Aujourd'hui, je ne doute pas que, dès le premier
jour, il n'ait préparé sa faillite. Voici le raisonnement qu'il a dû se tenir : « Je veux être

riche, parce que j'ai de larges appétits, et je veux être riche au plus tôt, parce que je suis pressé de contenter mes appétits. Or, la voie droite est rude et longue ; je préfère suivre le sentier de l'escroquerie et ramasser mon million en dix ans. Je vais me faire banquier, je vais avoir une caisse pour prendre les fonds du public à la pipée. Chaque année, j'escamoterai une somme ronde. Cela durera autant qu'il le faudra ; je m'arrêterai quand mes poches seront pleines. Alors je suspendrai tranquillement mes paiements ; sur deux millions qui m'auront été confiés, je rendrai généreusement deux ou trois cent mille francs à mes créanciers. Le reste, caché dans un petit coin que je sais, m'aidera à vivre comme je l'entends, en paresseux et en voluptueux. » Comprenez-vous, cher monsieur ?

Marius écoutait le commis avec stupéfaction.

— Mais, s'écria-t-il enfin, ce que vous me contez là est impossible. Bérard vient de me dire que son passif est d'un million et son actif d'un million cinq cent mille francs. Nous serons tous remboursés intégralement. C'est une simple affaire de patience.

Le commis se mit à rire aux éclats.

— Ah ! mon Dieu ! que vous êtes naïf ! reprit-il. Vraiment, vous croyez à cet actif d'un million cinq cent mille francs ?... D'abord, on prélèvera sur cette somme la dot de madame Bérard. Or, madame Bérard a apporté cinquante mille francs à son mari que celui-ci a transformés, dans l'acte de mariage, en cinq cents beaux mille francs. Comme vous le voyez, c'est un petit vol de quatre cent cinquante mille francs. Reste un million, et ce million est presque entièrement représenté par des créances véreuses... Allez, le procédé est facile. Il y a, à Marseille, des gens qui, pour cent sous, vendent leur signature ; ils vivent même fort bien de ce métier aisé et lucratif. Bérard s'est fait signer des tas de billets par ces hommes de paille, et il a empoché l'argent qu'il prétend aujourd'hui avoir prêté à des débiteurs insolvables...Si l'on vous donne le dix pour cent, vous devrez vous estimer heureux. Et cela dans dix-huit mois, deux ans, lorsque le syndic de la faillite aura terminé sa tâche.

Marius était bouleversé. Ainsi, les cinquante mille francs que sa mère lui avait laissés, se changeraient en une somme ridicule qui ne lui servirait à rien. Il lui fallait de l'argent tout de suite, et on lui parlait d'attendre deux ans. Et sa ruine, son désespoir était l'œuvre d'un scélérat qui venait de le berner. La colère montait en lui.

— Ce Bérard est un coquin, dit-il avec force. Il sera vigoureusement traqué. On doit débarrasser la société de ces hommes habiles qui s'enrichissent de la ruine des autres. Le bagne les attend.

Le commis partit d'un nouvel éclat de rire.

— Bérard, reprit-il, aura peut-être quinze jours de prison. Voilà tout... Vous recommencez à ne pas comprendre ?... Écoutez-moi.

Les deux jeunes gens étaient restés debout sur le trottoir. Les passants les coudoyaient. Ils rentrèrent dans le vestibule de la maison du banquier.

— Vous dites que le bagne attend Bérard, continua le commis. Le bagne n'attend que les gens maladroits. Depuis dix ans qu'il mûrit et caresse sa faillite, notre homme a pris ses précautions ; c'est toute une œuvre d'art qu'une pareille infamie. Ses comptes sont en règle, et il a mis la loi de son côté. Il sait à l'avance les risques légers qu'il court. Le tribunal pourra tout au plus lui reprocher de trop fortes dépenses personnelles ; on l'accusera encore d'avoir mis en circulation un grand nombre de billets, moyen ruineux de se procurer de l'argent. Mais ces fautes n'entraînent qu'un châtiment dérisoire. Je vous l'ai dit, Bérard aura quinze jours, un mois au plus de prison.

— Mais, s'écria Marius, ne pourrait-on aller crier le crime de cet homme en pleine

place publique, prouver son infamie et le
faire condamner.

— Eh! non, on ne pourrait pas faire cela.
Les preuves manquent, vous dis-je. Puis,
Bérard n'a pas perdu son temps ; il a tout
prévu, il s'est fait, à Marseille, des amis
puissants, devinant qu'il aurait sans doute
un jour besoin de leur influence. Maintenant, dans cette ville de coteries, c'est une
sorte de personnage inviolable ; si l'on tou-
chait à un seul de ses cheveux, tous ses amis
crieraient de douleur et de colère. On pourra
tout au plus l'emprisonner un peu, pour la
forme. Quand il sortira de prison, il retrou-
vera son petit million, il étalera son luxe, il
se refera aisément une estime toute neuve.
Alors vous le rencontrerez en voiture, vautré
sur des coussins, et les roues de sa calèche
vous jetteront de la boue ; vous le verrez in-
souciant et oisif, menant un grand train de
maison, goûtant toutes les douceurs de l'existence. Et, pour couronner dignement ce suc-
- cès du vol, on le saluera, on l'aimera, on lui
ouvrira un nouveau crédit d'honneur et de
considération.

Marius gardait un silence farouche. Le
commis lui fit un léger salut, près de s'éloigner.

— C'est ainsi que la farce se joue, dit-il
encore... J'avais tout cela sur le cœur, et je
suis heureux de vous avoir rencontré pour

me soulager... Maintenant, un bon conseil :
Tenez secret ce que je viens de vous conter,
dites adieu à votre argent, et ne vous occupez
pas davantage de cette triste affaire. Réflé-
chissez et vous verrez que j'ai raison... Je
vous salue.

Marius resta seul. Il lui prit une furieuse
envie de remonter chez Bérard et de le souffleter. Tous ses instincts de justice et de probité se révoltaient et le poussaient à traîner
le banquier dans la rue, en criant son crime.
Puis, le dégoût succéda à son emportement ;
il se souvint de sa pauvre mère, indignement
trompée par cet homme, et dès lors il n'eut
plus qu'un mépris écrasant. Il suivit le conseil du commis ; il s'éloigna de cette maison,
tâchant d'oublier qu'il avait eu de l'argent et
qu'un coquin le lui avait volé.

D'ailleurs, tout ce que le commis venait de
lui dire, se réalisa de point en point. Bérard
fut condamné, pour faillite simple, à un mois
d'emprisonnement. Un an plus tard, le teint
fleuri, l'allure aisée et insolente, il promenait, dans Marseille, sa joyeuse humeur
d'homme riche. Il faisait sonner sa bourse
dans les cercles, dans les restaurants, dans
les théâtres, partout où il y avait des plaisirs
à acheter. Et, sur son chemin, il trouvait toujours quelques complaisants ou quelques du-
pes qui lui tiraient largement le chapeau.

XIV.

Qui prouve que l'on peut dépenser trente mille
  francs par an et n'en gagner que dix-huit
  cents.

———

Marius descendit machinalement sur le
port. Il allait, devant lui, ne sachant où ses
pieds le conduisaient. Il était comme hébété.
Une seule idée battait dans sa tête vide, et
cette idée répétait, avec des bourdonnements
de cloche, qu'il lui fallait quinze mille francs
sur le champ. Il promenait autour de lui ce
regard vague des gens désespérés ; il semblait
chercher à terre pour voir s'il ne trouverait
pas entre deux pavés la somme dont il avait
besoin.
  Sur le port, il lui vint des désirs de ri-

chesse. Les marchandises entassées le long des quais, les navires qui apportaient des fortunes, le bruit, le mouvement de cette foule qui gagnait de l'argent, l'irritaient. Jamais il n'avait senti sa misère. Il eut un moment d'envie, de révolte, d'amertume jalouse. Il se demanda pourquoi il était pauvre, pourquoi d'autres étaient riches.

Et toujours le son de cloche grondait dans sa tête. Quinze mille francs ! quinze mille francs ! cette pensée lui brisait le crâne. Il ne pouvait revenir les mains vides. Son frère attendait. Il n'avait que quelques heures pour le sauver de l'infamie. Et il ne trouvait rien ; son intelligence endolorie ne lui fournissait pas une seule idée praticable. Il tournait dans son impuissance, il tendait son esprit vainement, il se débattait avec colère et anxiété.

Jamais il n'aurait osé demander quinze mille francs à son patron, M. Martelly. Ses appointements étaient trop faibles pour garantir un pareil emprunt. D'ailleurs, il connaissait les principes rigides de l'armateur, et il redoutait ses reproches, s'il lui avouait qu'il voulait acheter une conscience. M. Martelly lui aurait nettement refusé l'argent.

Tout d'un coup, Marius eut une idée. Il ne voulut pas la discuter avec lui-même, et il se

dirigea en toute hâte vers son logement de la
rue Sainte.

Là demeurait, sur le même pallier que lui,
un jeune employé, nommé Charles Blétry.
Ce Charles était attaché comme garçon de recette à la savonnerie de MM. Daste et Degans.
Les deux jeunes gens demeurant côte à côte,
une sorte d'intimité s'était établie entre eux.
Marius avait été gagné par la douceur de
Charles; ce garçon fréquentait assidûment les
églises, menait une conduite exemplaire, paraissait d'une haute probité.

Depuis deux ans, il faisait cependant de
fortes dépenses. Il avait introduit un véritable luxe dans son petit appartement, ache-
tant des tapis, des tentures, des glaces, de
beaux meubles. Depuis cette époque, il rentrait plus tard, il vivait plus largement; mais
il restait toujours doux et honnête, tranquille
et pieux.

Dans les commencements, Marius s'était
étonné des dépenses de son voisin; il ne s'expliquait pas comment un employé à dix-huit
cents francs pouvait acheter des choses si chères. Mais Charles lui avait dit qu'il venait de
faire un héritage et qu'il comptait bientôt
quitter sa place pour vivre bourgeoisement.
Il s'était même mis à sa disposition, lui of-
frant sa bourse toute ouverte. Marius avait
refusé.

Aujourd'hui, il se souvenait de cette offre.
Il allait frapper à la porte de Charles Blétry
et lui demander de sauver son frère. Un prêt
de quinze mille francs ne gênerait peut-être
pas ce garçon, qui semblait jeter l'argent par
les fenêtres. Marius comptait les lui rembourser peu à peu, persuadé que son voisin lui ac-
corderait tout le temps nécessaire.

Il ne trouva pas le commis rue Sainte, et,
comme il était pressé, il se dirigea vers la
savonnerie de MM. Daste et Degans. Cette savonnerie était située boulevard des Dames.

Lorsqu'il y fut arrivé et qu'il eut demandé
Charles Blétry, il lui sembla qu'on le regardait d'un air étrange. Les ouvriers lui dirent
brusquement de s'adresser à M. Daste lui-
même, qui était dans son cabinet. Marius,
étonné de cet accueil, se décida à pénétrer
jusqu'au manufacturier. Il le trouva en con-
férence avec trois messieurs qui se tûrent, dès
son entrée.

— Pourriez-vous me dire, Monsieur, demanda le jeune homme, si M. Charles Blétry
est à la fabrique ?

Daste échangea un regard rapide avec une
des personnes qui étaient là, un gros monsieur
grave et sévère.

— M. Charles Blétry va rentrer, répondit-
il. Veuillez l'attendre... Etes-vous un de ses
amis ?

— Oui, reprit naïvement Marius... Il loge dans la même maison que moi. Je le connais depuis bientôt trois ans.

Il y eut un moment de silence. Le jeune homme, pensant que sa présence gênait ces Messieurs, ajouta, en saluant et en se dirigeant vers la porte :

— Je vous remercie... Je vais attendre dehors.

Alors le gros monsieur se pencha et dit quelques mots à voix basse au manufacturier. M. Daste arrêta Marius du geste :

— Restez, je vous prie, s'écria-t-il... Votre présence peut nous être utile... Vous devez connaître les habitudes de Blétry ; vous pourriez sans doute nous donner des renseignements sur lui ?

Marius, surpris, ne comprenant pas, fit un geste d'hésitation.

— Pardon, reprit M. Daste avec une grande politesse, je vois que mes paroles vous surprennent.

Il désigna le gros monsieur et continua :

— Monsieur est le commissaire de police du quartier, et je viens de le faire appeler pour procéder à l'arrestation de Charles Blétry, qui nous a volé soixante mille francs en deux ans.

Marius, en entendant accuser Charles de vol, comprit tout. Il s'expliqua les dépenses

folles de ce jeune homme. Il remercia le ciel
de ne pas avoir autrefois accepté ses offres de
service. Jamais il n'aurait cru que son voisin
put être capable d'une action basse. Il savait
bien qu'il y avait dans Marseille, comme dans
tous. les grands centres d'industrie, des employés indignes, des jeunes gens qui volent
leurs patrons pour satisfaire leurs vices et
leur amour du luxe ; il avait souvent entendu
parler de ces commis qui gagnent cent ou cent
cinquante francs par mois, et qui trouvent
moyen de perdre dans les cercles des sommes
énormes, de jeter des pièces de vingt francs
aux filles, de vivre dans les restaurants et les
cafés. Mais Charles paraissait si pieux, si modeste, si honnête, il avait joué son rôle d'hypocrite avec tant d'art, que Marius s'était
laissé prendre à ces apparences de probité et
qu'il lui venait même encore des doutes, malgré l'accusation formelle de M. Daste.

Il s'assit, attendant le dénouement de ce
drame. Il ne pouvait d'ailleurs faire autrement. Pendant une demi-heure, un silence
morne régna dans le cabinet. Le manufacturier s'était mis à écrire. Le commissaire de
police et les deux agents, silencieux et comme
endormis, regardaient vaguement devant eux,
avec une patience terrible. Un tel spectacle
aurait donné de l'honnêteté à Marius, s'il en
avait manqué. Rien n'était plus sinistre que

ces trois hommes impassibles ; on eut dit la
loi inexorable attendant le crime.

Un bruit de pas se fit entendre. La porte
s'ouvrit doucement.

— Voici notre homme, dit M. Daste en se
levant.

Charles Blétry entra, ne se doutant de rien.
Il ne vit même pas les personnes qui étaient-
là.

— Vous m'avez fait demander, Monsieur ?
dit-il de cette voix trainante que prennent les
employés en parlant à leurs chefs.

Comme M. Daste le regardait en face, avec
un mépris écrasant, il se tourna et aperçut le
commissaire qu'il connaissait de vue. Il pâlit
affreusement, il comprit qu'il était perdu, et
tout son corps eut des frissons de honte et de
peur. Il venait de se jeter dans le châtiment,
tête baissée. Voyant que son épouvante l'accusait, il tâcha de paraître calme, de retrouver
un peu de sang-froid et d'audace.

— Oui, je vous ai fait demander, s'écria
M. Daste avec violence... Vous savez pourquoi, n'est-ce pas ?... Ah ! misérable vous ne
me volerez plus !

— Je ne sais ce que vous voulez dire, balbutia Blétry... Je ne vous ai rien volé... De
quoi m'accusez-vous ?

Le commissaire s'était assis au bureau du

manufacturier pour rédiger son procès-verbal.
Les deux agents gardaient la porte.

— Monsieur, demanda le commissaire à
Daste, veuillez me dire dans quelles circonstances vous vous êtes aperçu des détournements que le sieur Blétry aurait, selon vous,
commis à votre préjudice.

Daste raconta alors l'histoire du vol. Il dit
que son garçon de recette mettait parfois des
lenteurs extraordinaires à opérer certaines
rentrées. Mais, comme il avait une confiance
sans bornes dans ce jeune homme, il avait at-
tribué ces retards à la mauvaise volonté des
débiteurs. Les premiers détournements devaient remonter au moins à dix-huit mois.
Enfin, la veille, un de ses clients étant tombé
en faillite, Daste était allé réclamer lui-même
le paiement d'une somme de cinq mille francs,
et là il avait appris que Blétry avait touché
cette somme depuis plusieurs semaines. Le
manufacturier, effrayé, était rentré en toute
hâte à l'usine et s'était convaincu, en parcou-
rant les livres du caissier, qu'il lui manquait
près de soixante mille francs.

Le commissaire procéda ensuite à l'interrogatoire de Blétry. Ce garçon, pris au dé-
pourvu ne pouvant nier, inventa une histoire
ridicule.

— Un jour, dit-il, j'ai perdu un portefeuille
contenant quarante mille francs. Je n'ai pas osé

avouer cette perte considérable à M. Daste.
Alors je me suis mis à détourner quelques fonds
pour jouer à la Bourse, espérant gagner et
rembourser la maison.

Le commissaire lui demanda des détails, le
troubla, le força à se contredire. Blétry tenta
un autre mensonge.

— Vous avez raison, reprit-il, je n'ai pas
perdu de portefeuille. J'aime mieux tout dire.
La vérité est que j'ai été volé moi-même. J'a-
vais hébergé un jeune homme qui manquait
de pain. Une nuit, il est parti en emportant
mon sac de recette ; il y avait dans ce sac une
forte somme.

— Voyons, n'aggravez pas votre faute en
mentant, dit le commissaire avec cette patience
terrifiante des gens de police... Vous comprenez que nous ne pouvons vous croire.
Vous nous faites des contes à dormir debout.

Il se tourna vers Marius et continua :

— J'ai prié M. Daste de vous retenir,
monsieur, pour que vous nous aidiez dans
notre tâche... L'inculpé est votre voisin, avez-
vous dit. Ne savez-vous rien sur son genre de
vie, ne pourriez-vous le conjurer avec nous
de dire la vérité ?

Marius demeura terriblement embarrassé.
Blétry lui faisait pitié ; il chancelait comme
un homme ivre, il le suppliait du regard. Ce
garçon n'était pas un coquin endurci ; il avait

sans doute cédé à des entraînements, à des lâchetés d'esprit et de cœur. Cependant la conscience de Marius parlait haut ; elle lui ordonnait de dire ce qu'il savait. Le jeune homme ne répondit pas directement au commissaire ; il préféra s'adresser à Blétry lui-même.

— Ecoutez, Charles, lui dit-il, j'ignore si vous êtes coupable. Je vous ai toujours vu bon et modeste. Je sais que vous soutenez votre mère et que vous êtes aimé de tous ceux qui vous connaissent. Si vous avez commis une folie avouez votre aveuglement ; vous ferez moins souffrir ceux qui ont eu de l'estime et de l'amitié pour vous, en vous accusant avec franchise, en montrant un repentir sincère.

Marius parlait d'une voix douce et convaincante. Blétry, que les paroles sèches du commissaire avaient laissé muet et sourdement irrité plia sous l'indulgence austère de son ancien ami. Il songea à sa mère, il pensa à cette estime, à ces amitiés qu'il allait perdre, et une émotion poignante le prit à la gorge. Il éclata en sanglots.

Il pleura à chaudes larmes, dans ses mains fermées, et, pendant plusieurs minutes, on n'entendit que les éclats déchirants de son désespoir. C'était là un aveu complet. Tout le monde gardait le silence.

— Eh bien ! oui, s'écria enfin Blétry au
milieu de ses larmes, j'ai volé, je suis un misérable... Je ne savais plus ce que je faisais...
J'ai pris d'abord quelques centaines de francs,
puis il m'a fallu mille, deux mille, cinq mille,
dix mille francs à la fois.... Il me semblait
que quelqu'un me poussait par derrière.... Et
mes besoins, mes appétits croissaient toujours.

— Mais qu'avez-vous fait de tout cet argent? demanda le commissaire.

— Je ne sais pas... Je l'ai donné, je l'ai
mangé, je l'ai perdu au jeu... Vous ignorez ce
que c'est... J'étais bien tranquille dans ma
misère, je ne songeais à rien, j'aimais à aller
prier dans les églises, à vivre saintement, en
honnête homme... Et voilà que j'ai goûté au
luxe et au vice...., j'ai eu des maîtresses, j'ai
acheté de beaux meubles... J'étais fou.

— Pourriez-vous me nommer les filles avec
lesquelles vous avez mangé l'argent que vous
dérobiez?

— Est-ce que je sais leur nom !... Je les
prenais ici et là, partout, dans les rues, dans
les bals publics. Elles venaient, parce que
j'avais de l'or plein mes poches, et elles par-
taient, quand mes poches étaient vides...

Puis, j'ai beaucoup perdu au baccarat, dans
les cercles... Voyez-vous, ce qui a fait de moi
un voleur, c'est de voir certains fils de famille
jeter l'argent par les fenêtres et se vautrer

dans la richesse et l'oisiveté. J'ai voulu avoir comme eux des femmes, des plaisirs bruyants, des nuits de jeu et de débauche... Il me fallait trente mille francs par an, et je n'en gagnais que dix-huit cents... Alors j'ai volé.

Le misérable, suffoqué, étouffant de douleur, se laissa tomber sur une chaise. Marius s'approcha de M. Daste, qui lui-même était ému, et le supplia d'être indulgent. Il se hâta ensuite de se retirer; cette scène lui faisait saigner le cœur. Il laissa Blétry dans une sorte d'hébêtement, de stupeur nerveuse. Quelques mois plus tard, il apprit que ce garçon avait été condamné à cinq ans de prison.

Quand Marius se trouva dehors, il éprouva un grand soulagement. Il comprit que le Ciel lui avait donné une leçon en le faisant assister à l'arrestation de Charles. Quelques heures auparavant, sur le port, il avait eu des pensées mauvaises de fortune ; il s'était senti une sorte de haine contre les riches. Il venait de voir où peuvent conduire de telles pensées et de tels sentiments.

Et, tout d'un coup, il se rappela pourquoi il était venu à la savonnerie. Il n'avait plus qu'une heure devant lui pour trouver les quinze mille francs qui devaient sauver son frère.

XV.

Où Philippe refuse de se sauver.

———

Marius s'avoua son impuissance. Il ne savait plus à quelle porte frapper. On n'emprunte pas quinze mille francs dans une heure, lorsqu'on est un simple commis.

Il descendit lentement la rue d'Aix, l'intelligence tendue, ne trouvant rien au fond de ses pensées endolories. Les embarras d'argent sont terribles; on aimerait mieux lutter contre un assassin que contre le fantôme insaisissable et accablant de la pauvreté. Personne n'a pu jusqu'à présent inventer une pièce de cent sous.

Lorsque le jeune homme fut arrivé sur le

cours Belzunce, désespéré, acculé par la nécessité, il se décida à retourner à Aix, les
mains vides. La diligence allait partir ; il ne
restait plus qu'une place sur l'impériale. Marius prit cette place avec joie ; il préférait
rester à l'air, car l'anxiété l'étouffait, et il espérait que les horizons larges de la campagne calmeraient sa fièvre.

Ce fut un triste voyage. Le matin, il avait
passé devant les mêmes arbres, les mêmes
collines, et l'espérance qui le faisait sourire,
jetait alors des clartés joyeuses et douces sur
les champs et les coteaux. Maintenant, il re-
voyait cette contrée et lui donnait toutes les
tristesses de son âme ; la campagne lui paraissait funèbre. La lourde voiture roulait
toujours ; les terres labourées, les bois de
pins, les petits hameaux s'étalaient au bord
de la route ; et Marius trouvait, dans chaque
nouveau paysage, un deuil plus sinistre, une
douleur plus poignante. La nuit vint ; il lui
sembla que le pays entier était couvert d'un
crêpe immense.

Arrivé à Aix, il se dirigea vers la prison,
d'un pas lent. Il se disait qu'il apporterait
toujours trop tôt la mauvaise nouvelle. Lorsqu'il entra dans la geôle, il était neuf heures
du soir. Revertégat et Fine jouait aux cartes
sur un coin de la table, pour tuer le temps.

La bouquetière se leva d'un mouvement

joyeux et courut à la rencontre du nouveau
venu.

— Eh bien ? demanda-t-elle avec un sourire clair, en renversant coquettement la tête
en arrière.

Marius n'osa répondre. Il s'assit, accablé.

— Parlez donc ! s'écria Fine. Vous avez
l'argent ?

— Non, répondit simplement le jeune
homme.

Il reprit haleine et conta la faillite de Bérard, l'arrestation de Blétry, tous les malheurs qui lui étaient arrivés à Marseille. Il
termina en disant :

— Maintenant, je ne suis plus qu'un pauvre diable... Mon frère restera prisonnier.

La bouquetière demeura douloureusement
surprise. Les mains jointes, dans cette attitude de pitié que prennent les femmes de
Provence, elle répétait sur un ton lamenta-
ble :

— Pauvres, pauvres nous !

Elle regardait son oncle, elle semblait le
pousser à parler. Revertégat contemplait les
deux jeunes gens avec compassion. On voyait
qu'une lutte se livrait en lui. Enfin, se déci-
dant :

— Ecoutez, monsieur, dit-il à Marius, mon
métier ne m'a pas endurci au point d'être in-
sensible à la douleur des braves gens... Je

vous ai déjà dit pourquoi je vous vendais la liberté de votre frère. Mais je ne voudrais pas que vous puissiez croire que l'amour de l'argent seul me guide... Si des circonstances malheureuses vous empêchent de me mettre en ce moment à l'abri de la misère, je n'en ouvrirai pas moins la porte à monsieur Philippe... Vous viendrez plus tard à mon secours ; vous me donnerez les quinze mille francs sou à sou, quand vous pourrez.

Fine, en entendant ces mots, battit des mains. Elle sauta au cou de son oncle et l'embrassa à pleine bouche. Marius devint grave.

— Je ne puis accepter votre dévouement, répondit-il... Je me reproche déjà de vous faire manquer à votre devoir. Je refuse d'aggraver ma responsabilité en vous jetant en outre sur le pavé, sans un morceau de pain.

La bouquetière se tourna vers le jeune homme presque avec colère.

— Eh ! taisez-vous, cria-t-elle ; il faut sauver monsieur Philippe... Je le veux... D'ailleurs, nous n'avons pas besoin de vous pour ouvrir les portes de la prison... Venez, mon oncle. Si monsieur Philippe consent, son frère n'aura rien à dire.

Marius suivit la jeune fille et le geôlier qui se dirigeaient vers la cellule du prisonnier. Ils avaient pris une lanterne sourde et se glis-

6

saient doucement dans les corridors, pour ne
pas éveiller l'attention.

Ils entrèrent tous trois dans la cellule et
refermèrent la porte derrière eux. Philippe
dormait. Revertégat, attendri par les larmes
de sa nièce, adoucissait autant que possible
pour le jeune homme le régime sévère de la
prison ; il lui portait le déjeuner et le dîner
que Fine préparait elle-même ; il lui prêtait
des livres, il lui avait même donné une couverture supplémentaire. La cellule était devenue habitable, et Philippe ne s'y ennuyait
pas trop ; il savait d'ailleurs qu'on travaillait
à sa fuite.

Il s'éveilla et tendit les mains avec effusion
à son frère et à la bouquetière.

— Vous venez me chercher ? demanda-t-il
en souriant.

— Oui, répondit Fine. Habillez-vous vite.

Marius gardait le silence. Son cœur battait
à grands coups. Il redoutait qu'un désir cui-
sant de liberté ne fît accepter à son frère cette
fuite qu'il avait cru devoir refuser.

— Ainsi, tout est convenu et arrangé, reprit Philippe. Je puis me sauver sans crainte
et sans remords... Vous avez donné l'argent
promis ?.. Tu ne me réponds rien, Marius.

Fine se hâta d'intervenir.

— Eh ! je vous ai dit de vous dépêcher,
cria-t-elle. De quoi vous inquiétez-vous ?

Elle avait pris les vêtements du jeune homme; elle les lui jetait, ajoutant qu'elle allait attendre dans le corridor.

Marius l'arrêta du geste.

— Pardon, dit-il, je ne puis laisser mon frère dans l'ignorance de nos malheurs.

Et, malgré les impatiences de Fine, il raconta de nouveau son voyage à Marseille. D'ailleurs, il ne donna aucun conseil, il voulait laisser toute liberté à son frère.

— Mais alors, s'écria Philippe accablé, tu n'as pas donné l'argent au geôlier... Nous sommes sans un sou.

— Ne vous inquiétez pas de cela, répondit le geôlier en s'approchant... Vous viendrez plus tard à mon aide.

Le prisonnier resta muet. Il ne songeait plus à la fuite ; il songeait à la misère, à la triste mine qu'il ferait désormais sur les promenades de Marseille. Plus de vêtements élégants, plus de flâneries, plus d'amours. D'ailleurs, il y avait en lui des sentiments chevaleresques, des idées de poète qui l'empêchaient d'accepter le dévouement de Revertégat. Il rentra dans son misérable lit, remonta la couverture jusqu'à son menton, et, d'une voix tranquille :

— C'est bien, dit-il, je reste.

Le visage de Marius rayonna. Fine resta comme écrasée.

Elle voulut prouver la nécessité de la fuite, elle parla de l'exposition publique, de l'infamie du pilori. Elle s'animait, elle était belle de colère, et Philippe la regardait avec admiration.

— Ma belle enfant, répondit-il, vous me feriez peut-être céder, si je n'étais devenu aveugle et entêté dans cette cellule... Mais, vraiment, j'ai déjà commis assez de lâchetés, sans charger ma conscience davantage... Il arrivera ce que le ciel voudra... D'ailleurs, tout n'est pas perdu. Marius me délivrera ; il trouvera l'argent, vous verrez... Vous viendrez me chercher quand vous aurez payé ma rançon. Et nous nous sauverons ensemble, et je vous embrasserai...

Il parlait presque gaiement. Marius lui prit la main.

— Merci, frère, dit-il. Aie confiance.

Fine et Revertégat sortirent, Philippe et Marius restèrent seuls pendant quelques minutes. Ils eurent une conversation grave et émue : ils causaient de Blanche et de son enfant.

Quand les trois visiteurs furent revenus dans la geôle, la bouquetière se désespéra et demanda à Marius ce qu'il allait faire.

— Je vais me remettre en campagne, répondit-il. Le malheur est que nous sommes pressés et que je ne sais à quelle bourse m'adresser.

— Je puis vous donner un conseil, dit Revertégat. Il y a dans la ville, à deux pas d'ici, un banquier, M. Rostand, qui consentira peut-être à vous prêter une forte somme... Mais je vous avertis que ce Rostand a la réputation d'un usurier...

Marius n'avait pas le choix des moyens.

— Je vous remercie, dit-il. J'irai demain matin voir cet homme.

XVI

Messieurs les usuriers.

Le sieur Rostand était un habile homme. Il faisait en toute tranquillité son commerce honteux. Pour mettre une enseigne honorable à son industrie, il avait ouvert une maison de banque ; il payait patente, il était légalement établi. Même, à l'occasion, il savait avoir un peu d'honnêteté, il prêtait de l'argent au même taux que ses confrères, les banquiers de la ville. Mais, dans ses bureaux, il y avait, pour ainsi dire, une arrière-boutique où il élaborait ses friponneries avec amour.

Six mois après l'ouverture de sa maison de banque, il devint le gérant d'une société d'usuriers, d'une bande noire qui lui confia des capitaux. La combinaison fut d'une simplicité patriarcale. Les gens qui avaient la bosse de l'usure et qui n'osaient trafiquer pour leur compte, à leurs risques et périls, lui apportèrent leur argent et le prièrent de le faire valoir. Il eut ainsi entre les mains un roulement de fonds considérable et il put exploiter largement les besoins des emprunteurs. Ceux qui fournissaient l'argent, restèrent dans l'ombre. Il s'était solennellement engagé à prêter à des taux fabuleux, à cinquante, soixante, et même quatre-vingts pour cent. Chaque mois, les bailleurs de fonds se réunissaient chez lui ; il présentait ses comptes, et l'on partageait le gain. Et il s'arrangeait de façon à garder la plus grosse part, à voler les voleurs.

Il s'attaquait surtout au petit commerce. Quand un marchand, la veille d'une échéance, venait le trouver, il lui imposait des conditions exorbitantes. Le marchand acceptait toujours. Rostand avait ainsi amené plus de cinquante faillites en dix ans. D'ailleurs tout lui était bon ; il prêtait aussi bien cent sous à une marchande de légumes que mille francs à un marchand de bœufs ; il tenait la ville en coupe réglée, il ne perdait pas une occasion

de donner dix francs pour s'en faire rendre
vingt le lendemain. Il guettait les fils de famille, les jeunes viveurs qui jettent l'argent
par les fenêtres ; il leur emplissait les mains
de pièces d'or, afin qu'ils puissent en jeter
davantage, et il restait sous les croisées pour
ramasser ce qui tombait. Puis, il faisait des
tournées dans la campagne, il allait tenter les
paysans, et quand la récolte avait été mauvaise, il leur arrachait, lambeau par lambeau,
leurs fermes et leurs terres.

Sa maison était une véritable trappe sous
laquelle s'engloutissaient des fortunes. On
citait les gens, les familles entières qu'il avait
ruinés. Personne n'ignorait les secrets res-
sorts de son métier. On montrait au doigt ses
bailleurs de fonds, des hommes riches, d'anciens officiers ministériels, des négociants,
des ouvriers même. Mais on n'avait pas de
preuves. La patente de Rostand le mettait à
l'abri, et il était trop rusé pour se laisser
prendre en faute.

Depuis qu'il exploitait la place, il s'était
trouvé une seule fois en danger. L'histoire fit
grand bruit. Une dame, appartenant à une
famille distinguée, lui emprunta une assez
forte somme ; elle était très pieuse et avait
dissipé sa fortune en donnant à droite et à
gauche, en faisant de larges aumônes. Rostand, qui la savait complètement dépouillée,

exigea qu'elle signât des billets du nom de son frère ; ayant ses faux entre les mains, il était certain d'être payé par le frère qui avait intérêt à éviter un scandale. La pauvre dame signa. La charité l'avait ruinée, la bonté faible de son caractère la fit succomber. L'usurier avait calculé juste : les premiers billets furent payés ; mais, comme de nouveaux effets se présentaient toujours, le frère se lassa et voulut voir clair dans cette affaire. Il alla chez Rostand et le menaça de le traquer ; il lui dit qu'il préférait déshonorer sa sœur que de se laisser voler impunément par un gredin comme lui. L'usurier eut une peur atroce ; il rendit les billets qu'il possédait encore. D'ailleurs, il ne perdit pas un sou ; il avait prêté à cent pour cent.

Depuis ce jour, Rostand fut d'une prudence extrême. Il géra les capitaux de la bande noire avec des habiletés qui lui valurent l'admiration et la confiance de messieurs les usuriers. Tandis que ses bailleurs de fonds se promenaient au soleil, en braves gens qui ne volent personne, il restait enfoui dans un grand cabinet sombre ; c'est là que les pièces d'or de la société poussaient et fructifiaient. Rostand avait fini par aimer d'amour son métier, ses duperies et ses vols. Certains membres de la bande appliquaient leurs gains à satisfaire leurs passions, leurs appétits de luxe et de débauche. Lui, il mettait toute sa joie à être un fripon habile ; il s'intéressait à chacune de ses opérations comme à un drame poignant ; il s'applaudissait, quand ses comédies sinistres réussissaient, et il avait alors des amours propres, des jouissances d'auteur triomphant ; puis, il rangeait sur une table l'argent volé, et il s'abîmait dans des voluptés d'avare.

C'était chez un pareil homme que Revertégat envoyait naïvement Marius.

Le lendemain matin, ce dernier alla frapper à la porte de Rostand, vers les huit heures. La maison était lourde et carrée. Toutes les persiennes se trouvaient closes, ce qui donnait à la façade une nudité glaciale, un air de mystère et de défiance. Une vieille servante édentée, vêtue d'un lambeau d'indienne sale, vint entre-bâiller la porte.

— Monsieur Rostand ? demanda Marius.

— Il est là, mais il est occupé, répondit la servante sans ouvrir la porte davantage.

Le jeune homme, impatienté, poussa le battant et entra dans le vestibule.

— C'est bien, dit-il, j'attendrai.

La servante, surprise, hésitante, comprit qu'elle ne pourrait renvoyer ce garçon. Elle se décida à le faire monter au premier où elle le laissa seul dans une sorte d'antichambre. La pièce était petite, obscure, tapissée d'un papier verdâtre que l'humidité avait déteint par larges plaques ; il y avait pour tout meuble une chaise de paille. Marius s'assit sur la chaise.

En face de lui, une porte ouverte lui laissait voir l'intérieur d'un bureau, dans lequel un commis écrivait avec une plume d'oie qui craquait terriblement sur le papier. A sa gauche, était une autre porte qui devait conduire dans le cabinet du banquier.

Marius attendit longtemps. Des odeurs âcres de vieux papier traînaient autour de lui. L'appartement était d'une saleté écœurante, et la nudité des murs lui donnait un aspect lugubre. La poussière s'amassait dans les coins, des araignées filaient leurs toiles au plafond. Le jeune homme étouffait, impatienté par les craquements de la plume d'oie qui devenait de plus en plus bruyante.

Il entendit soudain parler dans la pièce voisine, et, comme les paroles lui arrivaient nettes et distinctes, il allait éloigner sa chaise par discrétion, lorsque certaines phrases le clouèrent à sa place. Il y a des conversations que l'on peut écouter ; la délicatesse n'est pas faite pour sauvegarder l'intimité de certains hommes.

Une voix sèche, qui devait être celle du maître de la maison, disait avec une brusquerie amicale :

— Messieurs, nous sommes tous présents, parlons de choses sérieuses... La séance est ouverte... Je vais rendre un compte fidèle de mes opérations de ce mois, et nous procéderons ensuite à la répartition du gain.

Il y eut un léger tumulte, un bruit de conversations particulières qui alla en s'éteignant. Marius, qui ne pouvait encore comprendre, se sentait cependant pris d'une vive curiosité : il devinait qu'une scène étrange se passait derrière la porte.

A la vérité, l'usurier Rostand recevait ses dignes associés de la bande noire. Le jeune homme se présentait justement à l'heure de la séance, au moment où le gérant montrait ses livres, expliquait ses opérations, partageait les bénéfices.

La voix sèche reprit :

— Avant d'entrer dans les détails, je dois vous avouer que les résultats de ce mois sont moins bons que ceux du mois dernier. Nous avions eu, en moyenne, le soixante pour cent, et nous n'avons aujourd'hui que le cinquante-cinq.

Des exclamations diverses s'élevèrent. On eût dit une foule mécontente qui proteste par des murmures. Il pouvait bien y avoir là une quinzaine de personnes.

— Messieurs, continua Rostand avec une certaine amertume railleuse, j'ai fait ce que j'ai pu ; vous devriez me remercier... Le métier devient plus difficile chaque jour... D'ailleurs, voici mes comptes ; je vais rapidement vous faire connaître quelques-unes des affaires que j'ai traitées...

Un silence profond régna pendant quelques secondes. Puis on entendit un froissement de papiers, les petits claquements des feuillets d'un registre. Marius commençant à comprendre, écoutait avec plus d'attention que jamais.

Alors Rostand énuméra ses opérations, donnant quelques explications sur chacune d'elles. Il avait le ton criard et nasillard d'un huissier de cour.

— J'ai prêté, dit-il, dix mille francs au jeune comte de Salvy, un garçon de vingt ans qui sera majeur dans neuf mois. Il avait perdu au jeu, et sa maîtresse, paraît-il, exigeait de lui une grosse somme. Il m'a signé pour dix-huit mille francs de billets échéant à quatre-vingt-dix jours. Ces billets sont datés, comme il convient, du jour où le débiteur aura atteint sa majorité. Les Salvy ont de grandes propriétés... C'est une excellente affaire.

Un murmure flatteur accueillit les paroles de l'usurier.

— Le lendemain, continua-t-il, j'ai reçu la visite de la maîtresse du comte ; elle était exaspérée, son amant ne lui ayant remis que deux ou trois billets de mille francs. Elle m'a juré qu'elle m'amènerait de Salvy, pieds et poings liés, pour contracter un nouvel emprunt. Cette fois, je demanderai la cession d'une propriété... Nous avons encore neuf mois pour tondre le jeune fou que sa mère laisse sans argent.

Rostand feuilletait le registre. Il reprit après un court silence :

— Jourdier..., un marchand de drap qui, chaque mois, a besoin de quelques centaines de francs pour faire face à ses échéances. Aujourd'hui, son fonds nous appartient presque entièrement. Je lui ai encore prêté cinq cents francs à soixante pour cent. Le mois prochain, s'il me demande un sou, je le fais mettre en faillite, et nous nous emparons des marchandises.

— Marianne..., une femme de la halle. Tout les matins, elle a besoin de dix francs, et elle m'en rend quinze le soir. Je crois qu'elle boit... Petite affaire, mais gain assuré, une rente fixe de cinq francs par jour.

— Laurent..., un paysan du quartier de Roquefavour. Il m'a cédé, lambeau par lambeau, une terre qu'il possède près de l'Arc. Cette terre vaut cinq mille francs ; nous l'aurons payée deux mille. J'ai expulsé notre homme de sa propriété... Sa femme et ses

enfants sont venus chez moi pleurer misère....
Vous me tiendrez compte de tous ces ennuis,
n'est-ce pas ?

— André..., un meunier. Il nous devait
huit cents francs. Je l'ai menacé d'une saisie.
Alors, il est accouru me supplier de ne pas le
perdre en montrant à tous son insolvabilité.
J'ai consenti à opérer la saisie moi-même,
sans employer l'aide d'un huissier, et je me
suis fait donner pour plus de douze cents
francs de meubles et de linge... C'est quatre
cents francs que j'ai gagnés à être hu-
main.

Il y eut de petits frémissements d'aise dans
l'auditoire. Marius entendit les rires étouffés
de ces hommes que réjouissait l'habileté de
Rostand. Celui-ci continua :

— Maintenant, viennent les affaires ordi-
naires : trois mille francs à quarante pour
cent à Simon, le négociant ; quinze cents
francs à cinquante pour cent au marchand de
bœufs Charançon ; deux mille francs à quatre-vingts pour cent au marquis de Cantarel ;
cent francs à trente-cinq pour cent au fils du
notaire Tingrey...

Et Rostand continua ainsi pendant un
quart-d'heure, épelant des noms et des chiffres, énumérant des prêts qui allaient de dix
francs à dix mille francs, et des taux qui va-

riaient entre vingt et cent pour cent. Lorsqu'il eut fini :

— Mais que nous disiez-vous donc ? mon cher ami, dit une voix grasse et enrouée. Vous avez merveilleusement travaillé, ce mois-ci. Toutes ces créances sont excellentes. Il est impossible que les bénéfices ne montent pas à plus de cinquante-cinq pour cent, en moyenne. Vous vous êtes sans doute trompé, en nous énonçant ce chiffre.

— Je ne me trompe jamais, répondit sèchement l'usurier.

Marius, qui avait presque collé son oreille contre le bois de la porte, crut remarquer quelque indécision dans la voix du misérable.

— C'est que je ne vous ai pas encore tout dit, continua Rostand avec embarras. Nous avons perdu douze mille francs, il y a huit jours.

A ces mots, il y eut des exclamations terribles. Marius espéra, un moment, que ces coquins allaient se manger entre-eux.

— Eh ! que diable ! écoutez-moi, cria le banquier dans le tumulte... Je vous fais gagner assez d'argent pour que vous me pardonniez de vous en faire perdre une fois, par hasard. D'ailleurs, ce n'est pas ma faute... J'ai été volé.

Il prononça ces mots avec toute l'indignation d'un honnête homme. Lorsque le calme se fut un peu rétabli, il continua :

— Voici l'histoire... Monier, un marchand de grains, un homme solvable, sur lequel j'ai eu les meilleurs renseignements, est venu me demander douze mille francs. Je lui ai répondu que je ne pouvais pas les lui prêter, mais que je connaissais un vieux ladre qui les lui avancerait peut-être à un taux exorbitant. Il revint le lendemain, et me dit qu'il était prêt à passer par toutes les conditions. Je lui fis observer qu'on exigeait cinq mille francs d'intérêts pour six mois. Il accepta. Vous voyez que c'était une affaire d'or... Pendant que j'allais chercher les fonds, il se mit à mon bureau et souscrivit dix-sept billets de mille francs chacun. Je pris connaissance des effets et je les posai sur le coin de ce pupitre. Puis je causai quelques minutes avec Monier qui s'était levé et qui, après avoir empoché l'argent, se disposait à partir... Quand il se fut éloigné, je voulus serrer ses billets. Je pris les papiers... Imaginez-vous que le fripon avait changé les effets contre un paquet tout semblable de traites dérisoires, barbouillées d'encre, à l'ordre de je ne sais qui, sans signature... J'étais volé. J'ai failli avoir un coup de sang, j'ai couru après mon voleur qui se promenait tranquillement au soleil, sur le Cours.... Au premier mot

que je lui adressai, il me traita d'usurier et
me menaça de me mener chez le commissaire
de police. Ce Monier a une réputation d'homme intègre et loyal, et, ma foi, j'ai préféré
me taire.

Ce récit avait été interrompu plusieurs
fois par les observations irritées de l'auditoire.

— Avouez, Rostand, que vous avez manqué d'énergie, reprit la voix enrouée. Enfin,
nous perdrons notre argent, nous n'aurons
que le cinquante-cinq pour cent... Une autre
fois vous veillerez mieux à nos intérêts...
Maintenant, partageons.

Marius, malgré ses angoisses et son indignation, ne put réprimer un sourire. Le vol
de ce Monier lui parut de la haute comédie,
et, tout au fond de lui, il applaudissait le fripon qui avait dupé un autre fripon.

A cette heure, il savait quel métier faisait
Rostand. Il n'avait pas perdu un mot de ce
qui se disait dans la pièce voisine, et il s'i-
maginait aisément la scène telle qu'elle devait s'y passer. Renversé à demi sur sa chaise,
l'oreille tendue, il voyait des yeux de l'intelligence les usuriers se querellant, les regards
avides, la face contractée par les passions
mauvaises qui les agitaient. Un profond
écœurement le prenait, au récit des escro-

queries de Rostand ; il eut voulu entrer et souffleter cet homme.

Il éprouva une sorte de gaieté amère, lorsqu'il se rappela ce qu'il venait faire dans ce coupe-gorge. Quelle naïveté, bon Dieu ! C'est là qu'il croyait trouver les quinze mille francs qui devaient sauver Philippe, et il attendait depuis une heure pour que le banquier le mit à la porte comme un mendiant. Ou bien Rostand lui demanderait cinquante pour cent d'intérêt et le volerait avec impudence. A cette pensée, à la pensée que là, à côté de lui, se trouvait une réunion de coquins qui exploitaient les misères et les hontes d'une ville, Marius se leva brusquement et posa la main sur le bouton de la porte.

Dans la pièce, on entendait un bruit clair de pièces d'or. Les usuriers partageaient leur proie. Ils touchaient chacun le gain d'un mois de duperie. Cet argent qu'ils comptaient et dont la musique chatouillait voluptueusement leur chair, avait par instants des éclats de sanglots ; on eut dit que les victimes des usuriers se lamentaient.

Au milieu d'un silence frissonnant, la voix du banquier ne prononçait plus que des chiffres avec une sécheresse métallique. Il taillait la part à chacun de ses associés ; il disait un chiffre et laissait tomber une pile de pièces qui sonnaient.

Alors Marius tourna le bouton de la porte.
La face pâle, les regards fermes et droits, il
resta quelques secondes silencieux sur le
seuil.

Le jeune homme avait devant lui un spectacle étrange. Rostand était debout devant
son bureau ; derrière lui se trouvait un coffre-
fort ouvert où il puisait des poignées d'or.
Autour du bureau, assis en cercle, se tenaient
les membres de la bande noire, les uns attendant leur part, les autres comptant l'argent
qu'ils venaient de recevoir. A chaque minute,
le banquier consultait ses comptes, se baissant
sur un registre, lâchant l'argent en toute prudence. Ses dignes associés fixaient des regards
ardents sur ses mains.

Au bruit que la porte fit en s'ouvrant, toutes les têtes se tournèrent avec un mouvement
brusque d'effroi et de surprise. Et, quand les
usuriers aperçurent Marius grave et indigné,
d'un geste instinctif, ils posèrent chacun leurs
doigts sur leur tas d'or. Il y eut un moment
de trouble et de stupeur.

Le jeune homme reconnut parfaitement ces
misérables. Il les avait rencontrés sur le pavé,
le front haut, la physionomie digne et loyale,
et il en avait même salué quelques-uns, qui
auraient pu sauver son frère. Ils étaient tous
riches, honorés, influents ; il y avait parmi
eux d'anciens fonctionnaires, des propriétai-

res, des gens qui fréquentaient assidûment les églises et les salons de la ville. Marius, à les voir ainsi, avilis et crapuleux, pâlissant sous ses regards, fit un geste de dégoût et de mépris.

Rostand se précipita vers le nouveau venu. Ses yeux clignotaient fièvreusement ; ses lèvres, lippues et blafardes, tremblaient ; tout son masque rougeâtre et ridé d'avare exprimait une sorte d'étonnement effrayé.

— Que voulez-vous ? demanda-t-il à Marius en balbutiant... On ne s'introduit pas comme ça dans les maisons.

— Je voulais quinze mille francs, répondit le jeune homme d'une voix froide et railleuse.

— Je n'ai pas d'argent, se hâta de répondre l'usurier qui se rapprocha de son coffre-fort.

— Oh ! soyez tranquille, j'ai renoncé à l'idée de me faire voler... Je dois vous dire que depuis une heure je suis derrière cette porte et que j'ai assisté à votre séance.

Cette déclaration fut comme un coup de massue qui fit détourner la tête à tous les membres de la bande noire. Ces hommes avaient encore la pudeur de leur honorabilité ; il y en eut qui se cachèrent la figure entre les mains. Rostand qui n'avait pas de réputation à perdre, se remettait peu à peu. Il se rapprocha de Marius, il haussa la voix.

— Qui êtes-vous? cria-t-il. De quel droit venez-vous chez moi écouter aux portes? Pourquoi pénétrez-vous jusque dans mon cabinet si vous n'avez rien à me demander?

— Qui je suis? dit le jeune homme d'un ton bas et calme, je suis un honnête garçon, et vous êtes un coquin. De quel droit j'ai écouté à cette porte? Du droit que les braves gens ont de démasquer et d'écraser les misérables. Pourquoi j'ai pénétré jusqu'à vous? Pour vous dire que vous êtes un scélérat et contenter largement mon indignation.

Rostand tremblait de rage. Il ne s'expliquait pas la présence de ce vengeur qui lui jetait des vérités à la face. Il allait crier, s'élancer sur Marius, lorsque celui-ci le retint d'un geste énergique.

— Taisez-vous ! reprit-il; je vais m'en aller; j'étouffe ici. Mais je n'ai pas voulu me retirer sans me soulager un peu... Ah ! messieurs, vous avez un furieux appétit. Vous vous partagez les larmes et les désespoirs des familles avec une gloutonnerie écœurante; vous vous gorgez de vols et de friponneries... Je suis bien aise de pouvoir troubler un peu vos digestions et vous donner des frissons d'inquiétude au fond de votre lâcheté.

Rostand essaya de l'interrompre. Il continua d'une voix plus vibrante :

— Les voleurs de grand chemin ont au

moins pour eux le courage. Ils se battent, ils risquent leur vie. Mais vous, messieurs, vous volez honteusement dans l'ombre, vous vous traînez ignoblement dans un commerce crapuleux. Et dire que vous n'avez pas besoin d'être des coquins pour vivre. Vous êtes tous riches. Vous commettez des scélératesses, Dieu me pardonne ! par amusement et par passion.

Quelques-uns des usuriers se levèrent, menaçants.

— Vous n'avez jamais vu la colère d'un honnête homme, n'est-ce pas ? ajouta Marius en raillant. La vérité vous irrite et vous épouvante. Vous êtes habitués à être traités avec les égards que l'on doit aux gens loyaux, et, comme vous vous êtes arrangés pour cacher vos infamies et pour vivre dans l'estime de tous, vous avez fini par croire vous-même au respect que l'on accorde à votre hypocrisie... Eh bien ! j'ai voulu qu'une fois en votre vie vous fussiez insultés comme vous le méritez, et c'est pourquoi je suis entré ici.

Le jeune homme vit qu'il allait être assommé, s'il continuait. Il se retira pas à pas vers la porte, dominant les usuriers du regard. Là, il s'arrêta encore.

— Je sais bien, messieurs, dit-il, que je ne puis vous traîner devant la justice humaine. Votre richesse, votre influence, votre habileté vous rendent inviolables. Si j'avais la

naïveté de lutter contre vous, c'est moi sans
doute qui serais puni... Mais, au moins, je
n'aurai pas à me reprocher de m'être trouvé
à côté d'hommes tels que vous, sans leur avoir
craché mon mépris à la face. Je voudrais que
mes paroles fussent un fer rouge qui marquât
vos fronts d'infamie. La foule vous suivrait
avec des huées, et peut-être profiteriez-vous
alors de la leçon... Partagez votre or ; s'il
reste en vous quelque probité, il vous brûlera
les mains.

Marius ferma la porte et s'en alla. Quand
il fut dans la rue, il eut un sourire de tristesse. Il voyait la vie s'étendre devant lui
avec toutes ses hontes et toutes ses misères, et
il se disait qu'il jouait dans l'existence le rôle
noble et ridicule d'un Don Quichotte de la
justice et de l'honneur.

Il pensait qu'il eut peut-être mieux valu
ne pas entrer dans le cabinet de Rostand. Il
venait de s'indigner en pure perte, il savait
qu'il ne corrigerait personne. Mais, lorsque
l'indignation le poussait, il ne s'appartenait
plus ; il avait écrasé les usuriers par instinct,
comme tout homme écrase les bêtes ignobles
et malfaisantes.

XVII

Deux profils honteux.

Lorsque Marius eut raconté son équipée au geôlier et à la bouquetière, cette dernière s'écria :

— Nous voilà bien avancés ! Pourquoi vous êtes-vous mis en colère ? Cet homme vous aurait peut-être prêté de l'argent.

Les jeunes filles ont des entêtements qui leur donnent certaines souplesse de conscience; ainsi Fine, toute loyale qu'elle était, aurait peut-être fait la sourde oreille chez Rostand, et même, à l'occasion, se serait servie des secrets que le hasard lui confiait.

Revertégat était un peu confus d'avoir conseillé à Marius d'aller chez le banquier.

— Je vous avais prévenu, monsieur, lui dit-il ; je n'ignorais pas les bruits qui courent sur cet homme ; mais je faisais une large part à la médisance. Si j'avais connu la vérité entière, jamais je ne vous aurais envoyé chez lui.

Marius et Fine passèrent toute l'après-midi à bâtir des plans extravagants, à chercher en vain dans leur tête un moyen d'improviser les quinze mille francs nécessaires au salut de Philippe.

— Comment, criait la jeune fille, nous ne trouverons pas dans cette ville un brave cœur qui nous sortira d'embarras ! Est-ce qu'il n'y a pas ici des gens riches qui prêtent leur argent à un taux raisonnable ? Voyons, mon oncle, cherchez un peu avec nous. Nommez-moi une personne secourable pour que j'aille me jeter à ses pieds.

Revertégat secouait la tête.

— Eh oui ! répondit-il, il y a ici de braves cœurs, des gens riches qui vous viendraient peut-être en aide. Seulement, vous n'avez aucun titre à leur bonté, vous ne pouvez guère leur demander de l'argent tout d'un coup. Il faut que vous vous adressiez à des prêteurs, à des escompteurs, et, comme vous n'offrez aucune garantie solide, vous êtes forcés d'aller

frapper à la porte des usuriers... Oh ! je connais de vieux avares, de vieux coquins qui seraient enchantés de vous tenir dans leurs
griffes, ou qui vous jetteraient dehors comme
des mendiants dangereux.

Fine écoutait son oncle. Toutes ces questions d'argent se brouillaient dans sa jeune
tête. Elle avait une âme si ouverte, si franche, qu'il lui semblait tout naturel et tout
facile de demander et d'obtenir une grosse
somme en deux heures. Il y a des millionnaires qui peuvent disposer si aisément de
quelques milliers de francs sans se gêner.

Elle insista.

— Allons, cherchez bien, dit-elle encore
au geôlier. Ne voyez-vous réellement pas un
seul homme auprès duquel nous puissions
tenter une démarche ?

Revertégat regardait avec émotion son visage anxieux. Il aurait voulu ne pas étaler les
vérités brutales de la vie devant cette enfant
pleine des espoirs de la jeunesse.

— Non, vraiment, répondit-il, je ne vois
personne... Je vous ai parlé de vieux avares,
de vieux coquins qui ont gagné honteusement
de grandes fortunes. Ceux-là, comme Rostand, prêtent cent francs pour s'en faire rendre cent cinquante au bout de trois mois...

Il hésita, puis reprit d'une voix plus basse.

Voulez-vous que je vous conte l'histoire

d'un de ces hommes... Il se nomme **Roumieu**;
c'est un ancien officier ministériel. Son industrie consistait à faire une chasse terrible
aux héritages. S'introduisant dans les familles, appelé par ses fonctions à y jouer un rôle
de confident et d'ami, il étudiait le terrain,
il dressait ses embûches. Lorsqu'il rencontrait
un testateur d'âme faible et lâche, il devenait sa créature, il le circonvenait, il l'attirait
peu à peu à lui, par des révérences, par des
cajoleries, par toute une comédie savante de
petits soins et d'effusions filiales. Ah ! c'était
un habile homme ! Il fallait le voir endormir
sa proie, se faire souple et insinuant, se glisser dans l'amitié d'un vieillard. Lentement,
il évinçait les véritables héritiers, les neveux
et les cousins, puis il rédigeait lui-même un
nouveau testament qui les spoliait de la fortune de leur parent et qui le nommait léga-
taire universel. D'ailleurs, il ne brusquait
rien ; il mettait dix ans pour atteindre son
but, pour mûrir à point ses escroqueries : il
procédait avec une prudence féline, rampant
dans l'ombre pendant des années, et ne bon-
dissant sur sa proie que lorsque elle était là,
pantelante, rendue inerte par ses regards et
ses caresses. Il chassait aux héritages comme
un tigre chasse au lièvre, avec une brutalité
silencieuse, une férocité faisant patte de velours.

Fine croyait entendre une histoire des *Mille et une nuits :* elle écoutait son oncle en ouvrant de grands yeux étonnés. Marius commençait à se familiariser avec les scélératesses.

— Et vous dites que cet homme a fait une grande fortune ? demanda-t-il au geôlier.

— Oui, continua celui-ci. On cite des exemples étranges qui prouvent l'habileté étonnante de Roumieu... Ainsi, il y a dix à quinze ans, il s'introduisit dans les bonnes grâces d'une vieille dame qui avait près de cinq cents mille francs de fortune. Ce fut une véritable possession. La vieille dame devint son esclave, à ce point qu'elle se refusait un morceau de pain pour ne pas toucher au bien qu'elle voulait laisser à ce démon qui était entré en elle et qui la commandait en maître. Elle était possédée, dans le sens littéral du mot ; toute l'eau bénite d'une église n'aurait pas suffi pour l'exorciser. Une visite de Roumieu la plongeait dans des extases sans fin ; quand il la saluait dans la rue, elle était comme frappée d'une secousse, elle devenait toute rouge de joie. On n'a jamais pu concevoir par quels éloges, par quelle marche adroite et envahissante, le notaire avait pu pénétrer si loin dans ce cœur que fermait une dévotion exagérée. Lorsque la vieille dame mourut, elle dépouilla ses héritiers directs et laissa ses cinq cents mille francs à Roumieu. Tout le monde s'attendait à ce dénouement.

Il y eut un silence,

— Tenez, reprit Revertégat, je puis encore vous citer un exemple... L'anecdote contient toute une comédie cruelle, et Roumieu y fit preuve d'une souplesse rare... Un nommé Richard, qui avait amassé dans le commerce plusieurs centaines de mille francs, s'était retiré au milieu d'une honnête famille qui le soignait et égayait sa vieillesse. En échange de cette amitié prévenante, l'ancien négociant avait promis à ses hôtes de leur laisser sa fortune. Ceux-ci vivaient dans cette espérance ; ils avaient de nombreux enfants et comptaient les établir d'une façon honorable. Mais Roumieu vint à passer par là ; il fut bientôt l'ami intime de Richard, il l'amena parfois à la campagne, il accomplit en grand secret son œuvre de possession. La famille qui logeait le commerçant retiré, ne se douta de rien ; elle continua à soigner son hôte, à attendre l'héritage ; pendant quinze ans, elle vécut ainsi dans une douce quiétude, faisant des projets d'avenir, certaine d'être heureuse et riche. Richard mourut, et le lendemain, Roumieu héritait, au grand étonnement et au grand désespoir de l'honnête famille volée dans son affection et dans ses intérêts... Tel est le chasseur d'héritages. Lorsqu'il marche, on n'entend pas le bruit de ses griffes sur la terre ; ses bonds sont trop rapides pour qu'on puisse en avoir conscience ; il a déjà sucé tout le sang de sa proie, avant qu'on ne l'ait vu s'accroupir sur elle.

Fine était révoltée.

— Non, non, dit-elle, je n'irai jamais demander de l'argent à un pareil homme... Ne connaissez-vous pas un autre prêteur, mon oncle?

— Eh ! ma pauvre enfant, répondit le geôlier, tous les usuriers se ressemblent ; ils ont tous dans leur vie quelque tache ineffaçable... Je connais un vieux ladre, qui a plus d'un million de fortune et qui vit seul dans une maison sale et abandonnée. Guillaume s'enterre au fond de son antre puant. L'humidité crevasse les murs de ce caveau ; le sol n'est pas même carrelé, et l'on marche sur une sorte de fumier ignoble fait de boue et de débris ; des toiles d'araignée pendent au plafond, la poussière couvre tous les objets, un jour bas et lugubre entre par les vitres noires de crasse. Notre avare paraît dormir dans la saleté, comme les araignées des poutres dorment immobiles au milieu de leurs toiles. Quand une proie vient s'engluer dans les fils qu'il tend, il l'attire à lui et lui suce le sang de ses veines... Cet homme ne mange que des légumes cuits à l'eau, et jamais il ne contente sa faim.

Il s'habille de haillons, il mène une vie de mendiant et de lépreux. Et tout cela pour garder l'argent qu'il a déjà amassé, pour augmenter sans cesse son trésor... Il ne prête qu'à cent pour cent.

Fine pâlissait devant le spectacle hideux que lui faisait entrevoir son oncle.

—D'ailleurs, continua le geôlier, Guillaume a des amis qui vantent sa pitié. Il ne croit ni à Dieu ni au diable, il vendrait le Christ une seconde fois, s'il le pouvait ; mais il a eu l'habileté de feindre une grande dévotion, et cette comédie lui a valu l'estime de certains esprits étroits et aveugles. On le rencontre, traînant les pieds dans les églises, s'agenouillant derrière tous les piliers, usant des seaux d'eau bénite... Interrogez la ville, demandez quelle bonne action a jamais faite ce saint personnage? Il adore Dieu, dit-on ; mais il vole son semblable. On ne pourrait citer une personne qu'il ait secourue. Il prête à usure, il ne donne pas un sou aux malheureux. Un pauvre diable mourrait de faim à sa porte, qu'il ne lui apporterait pas un morceau de pain et un verre d'eau. S'il jouit d'une considération quelconque, c'est qu'il a dérobé cette considération comme tout ce qui lui appartient...

Revertégat s'arrêta, regardant sa nièce, ne sachant s'il devait continuer.

—Et vous auriez la naïveté d'aller chez

un pareil homme, dit-il enfin. Je ne puis tout
dire, je ne puis parler des vices de Guillaume.
Ce vieillard a des passions ignobles ; par moments, il oublie son avarice, il contente ses
appétits de luxure. On raconte tout bas des
marchés honteux, des séductions révoltantes...

— Assez, cria Marius avec force.

Fine, rouge et consternée, baissait la tête,
n'ayant plus ni courage ni espérance.

— Je vois que l'argent est trop cher, reprit
le jeune homme, et qu'il faut se vendre pour
en acheter. Ah ! si j'avais le temps de gagner
par mon travail la somme qu'il nous faut !

Ils restèrent tous trois silencieux, ne pouvant trouver aucun moyen de salut.

XVIII.

Où luit un rayon d'espérance.

Le lendemain matin, Ma.. as, poussé par la nécessité, se décida à aller frapper chez M. de Girousse. Depuis qu'il cherchait de l'argent, il songeait à s'adresser au vieux comte. Mais il avait toujours reculé devant cette pensée ; il redoutait les brusqueries originales du gentilhomme, il n'osait lui avouer sa misère, il rougissait d'avoir à faire connaître l'emploi des quinze mille francs qu'il sollicitait. Rien ne lui était plus pénible que d'être forcé de mettre un tiers dans la confidence de l'évasion de son frère, et M. de Girousse l'effrayait plus que tout autre.

Lorsque le jeune homme se présenta, l'hôtel était vide, le comte venait de partir pour Lambesc. Marius fut presque heureux de ne trouver personne, tant sa démarche lui pesait. Il resta sur le Cours, irrésolu, n'ayant pas le courage d'aller à Lambesc, désespéré d'être réduit à l'inaction.

Comme il remontait une allée, accablé, les yeux vagues, il rencontra Fine. Il était sept heures du matin. La bouquetière, en grande toilette, tenant à la main un petit sac de voyage, lui parut toute décidée, toute souriante.

— Où allez-vous donc ? lui demanda-t-il avec surprise.

— Je vais à Marseille, répondit-elle.

Il la regarda d'un air curieux, l'interrogeant du regard.

— Je ne puis rien vous dire, continua-t-elle. J'ai un projet, mais je crains d'échouer. Je reviendrai ce soir... Allons, ne vous désespérez pas.

Marius accompagna Fine jusqu'à la diligence. Lorsque la lourde voiture s'ébranla, il la suivit longtemps des yeux ; cette voiture emportait sa dernière espérance et allait lui rapporter l'angoisse ou la joie.

Jusqu'au soir, il rôda autour des diligences qui arrivaient. On n'attendait plus qu'une voiture, et Fine n'avait point encore paru. Le jeune homme, rongé d'impatience, allant et venant d'un pas fébrile, tremblait que la bouquetière ne revînt que le lendemain. Dans l'ignorance où il était, ne sachant quelle pouvait bien être cette dernière tentative, il ne se sentait point le courage de passer une nuit entière d'anxiété et d'indécision. Il se promenait sur le Cours, frissonnant, en proie à une sorte de cauchemar.

Enfin il aperçut la diligence, au loin, au milieu de la place de la Rotonde. Quand il entendit les roues sonner sur le pavé, il eut des palpitations violentes. Il s'adossa contre un arbre, regardant les voyageurs qui descendaient un à un, avec une lenteur désespérante.

Tout d'un coup, il fut comme cloué au sol. Presque en face de lui, par une portière ouverte, il venait de voir apparaître la grande taille, la figure pâle et triste de l'abbé Chastanier. Quand l'abbé fut sur le trottoir, il tendit la main et aida une jeune fille à descendre. Cette jeune fille était mademoiselle Blanche de Cazalis.

Derrière elle, Fine sauta à terre d'un bond léger, sans se servir du marche-pied. Elle était rayonnante.

Les deux voyageurs, guidés par la bouquetière, se dirigèrent vers l'hôtel des Princes. Marius, qui était demeuré dans l'ombre de la

nuit naissante, les suivit machinalement, ne
pouvant comprendre, comme hébêté.

Fine resta dix minutes au plus dans l'hôtel. Lorsqu'elle en sortit, elle aperçut le jeune
homme et courut à lui, prise d'un accès de
joie folle.

— J'ai réussi à les amener, dit-elle en battant des mains ; maintenant, j'espère bien
qu'ils obtiendront ce que je désire... Demain,
nous serons fixés.

Alors elle prit le bras de Marius et lui conta
sa journée.

La veille, elle avait été frappée par une
parole du jeune homme qui regrettait ne pas
avoir le temps nécessaire pour gagner en tra-
vaillant la somme qu'il lui fallait. D'un autre
côté, les tristesses de son oncle lui avaient
prouvé qu'il était presque impossible de
trouver un prêteur, un usurier raisonnable.
La question se réduisait donc à gagner du
temps, à tâcher d'éloigner le plus possible l'é-
poque où l'on attacherait Philippe au pilori.
Ce qui épouvantait Fine et Marius, c'était
cette exposition infâme, livrant les condamnés
aux ricanements et aux insultes de la
foule.

Dès lors, le plan de la jeune fille fut arrêté,
un plan hardi qui peut-être réussirait par
son audace même. Elle comptait aller droit
chez M. de Cazalis, pénétrer jusqu'à sa nièce

et lui étaler le tableau de l'exposition de Philippe, dans tout ce qu'un pareil spectacle aurait d'insultant pour elle. Elle la déciderait à l'aider, elles iraient toutes deux supplier le député d'intervenir ; si M. de Cazalis ne consentait pas à demander la grâce, peut-être voudrait-il bien tenter d'obtenir un sursis. D'ailleurs, Fine ne raisonnait guère ses moyens d'action ; il lui semblait impossible que l'oncle de Blanche résistât à ses larmes. Elle avait foi dans son dévouement.

La pauvre enfant rêvait toute éveillée, lorsqu'elle espérait que M. de Cazalis fléchirait à la dernière heure. Cet homme fier et entêté avait voulu l'infâmie de Philippe, et rien au monde n'aurait pu mettre un obstacle à l'accomplissement de sa vengeance. Si Fine avait eu à se heurter contre lui, elle se serait brisée ; elle aurait dépensé en pure perte ses plus jolis sourires, ses larmes les plus touchantes.

Heureusement pour elle, les circonstances la servirent. Lorsqu'elle se présenta à l'hôtel du député, au cours Bonaparte, on lui dit que M. de Cazalis venait d'être appelé à Paris par certaines exigences de sa position politique. Elle demanda à voir mademoiselle Blanche ; on lui répondit vaguement que mademoiselle était absente, qu'elle voyageait.

La bouquetière, fort embarrassée, fut obligée de se retirer et d'aller réfléchir dans la rue. Tous ses plans se trouvaient dérangés ; cette absence de l'oncle et de la nièce lui ôtait l'appui sur lequel elle croyait pouvoir compter, n'ayant pas un seul ami qui la soutînt. Elle ne voulait pas cependant perdre sa dernière espérance et revenir à Aix, aussi désespérée que la veille, après avoir fait un voyage inutile.

Brusquement, la pensée de l'abbé Chastanier lui vint. Marius lui avait souvent parlé du vieux prêtre ; elle connaissait sa bonté, son dévouement. Peut-être pourrait-il lui donner des renseignements précieux.

Elle le trouva chez sa sœur, la vieille ouvrière infirme. Elle lui ouvrit son cœur, elle lui apprit en quelques mots le motif de son voyage à Marseille. Le prêtre l'écouta avec une vive émotion.

— C'est le ciel qui vous amène ici, lui répondit-il. Je crois pouvoir, dans une telle circonstance, violer le secret qui m'a été confié. Mademoiselle Blanche n'est pas en voyage. Son oncle voulant cacher sa grossesse et ne pouvant l'emmener à Paris, a loué pour elle une petite maison au village de St-Henri... Elle habite là avec une gouvernante. M. de Cazalis, auprès duquel je suis rentré en grâce, m'a prié de lui faire de fréquentes visites et m'a donné sur elle d'assez larges pouvoirs...

Voulez-vous que je vous conduise auprès de cette pauvre enfant que vous trouverez bien changée et bien abattue ?

Fine accepta avec joie. Blanche pâlit, lorsqu'elle aperçut la bouquetière et se mit à pleurer à chaudes larmes. Un léger cercle bleuâtre entourait ses yeux ; ses lèvres étaient décolorées, et ses joues avaient des blancheurs de cire. On voyait qu'un cri terrible, le cri du cœur et de la conscience, s'élevait en elle et la rendait toute chancelante.

Quand Fine, avec une voix douce et des caresses attendries, lui eut fait comprendre qu'elle pouvait peut-être éviter à Philippe une suprême humiliation, elle se leva toute droite et dit d'une voix brisée :

— Je suis prête, disposez de moi... J'ai dans les entrailles un enfant qui me parle sans cesse de son père. Je voudrais apaiser la colère de ce pauvre petit être qui n'est pas encore né.

— Eh bien ? reprit Fine chaleureusement, aidez-moi dans notre œuvre de délivrance... Je suis certaine que vous obtiendriez tout au moins un sursis, en tentant une démarche.

— Mais, fit observer l'abbé Chastanier, mademoiselle Blanche ne peut aller seule à Aix. Je dois l'accompagner... Je sais que M. de Cazalis, s'il apprend ce voyage, me fera les plus graves reproches. J'accepte pourtant la responsabilité de cet acte, car je crois agir en honnête homme.

Dès que la bouquetière eut obtenu un consentement, elle laissa à peine le temps au vieillard et à la jeune fille de faire quelques préparatifs. Elle revint avec eux à Marseille, elle les poussa dans la diligence, et c'est ainsi qu'elle les amena triomphalement dans Aix. Le lendemain, Blanche devait se rendre chez le président qui avait prononcé le jugement de Philippe.

Marius, lorsque Fine eut terminé son récit, l'embrassa vivement sur les deux joues, ce qui fit monter des lueurs roses au front de la jeune fille.

XIX

Un sursis.

—

Le lendemain matin, Fine alla retrouver Blanche et l'abbé Chastanier. Elle voulait les accompagner jusqu'à la porte de l'hôtel du président, pour connaître tout de suite le résultat de leur démarche. Marius, comprenant que sa présence serait pénible à Mlle de Cazalis, se mit à rôder sur le Cours, comme une âme en peine, suivant de loin les deux jeunes filles et le prêtre. Quand les solliciteurs furent montés, la bouquetière aperçut le jeune homme et lui fit signe de venir la rejoindre. Ils attendirent tous deux, sans échanger une parole, agités et anxieux.

Le président reçut Blanche avec une grande commisération. Il comprenait qu'elle était la plus cruellement frappée dans cette malheureuse affaire. La pauvre enfant ne put parler ; dès les premiers mots, elle se mit à sangloter, et tout son être, suppliant, demandait pitié, mieux que ne l'auraient fait ses prières. Ce fut l'abbé Chastanier qui dût expliquer leur présence et présenter la requête.

— Monsieur, dit-il au président, nous venons à vous, les mains jointes. Mlle de Cazalis est déjà brisée sous les malheurs qui l'ont accablée. Elle vous prie en grâce de lui épargner une nouvelle humiliation.

— Que désirez-vous de moi ? demanda le président d'une voix émue.

— Nous désirons que, s'il est possible, vous évitiez un nouveau scandale... M. Philippe Cayol a été condamné à l'exposition publique, et ce châtiment doit lui être infligé ces jours-ci. Mais l'infamie ne l'atteindra pas seul ; il n'y aura pas qu'un coupable attaché au pilori, il y aura une pauvre enfant souffrante qui vous demande pitié. Vous entendez, n'est-ce pas ? les cris de la foule, les injures qui rejailliront sur Mlle de Cazalis ; elle sera traînée dans la boue par la populace, et son nom circulera autour de l'ignoble po-

teau, avec des ricanements haineux et de sales expressions...

Le président paraissait douloureusement
touché. Il garda un moment le silence. Puis,
comme pris d'une idée soudaine :

— Mais, demanda-t-il, est-ce M. de Cazalis
qui vous envoie vers moi ? A-t-il connaissance
de la démarche que vous faites ?

— Non, répondit le prêtre avec une dignité
franche, M. de Cazalis ne sait pas que nous
sommes ici... Les hommes ont des intérêts,
des passions qui les emportent et qui les empêchent parfois de juger nettement leur position. Peut-être allons-nous contre le désir de
l'oncle de Mlle Blanche, en venant vous solli-
citer... Mais au-dessus des passions et des intérêts des hommes, il y a la bonté et la justice. Aussi n'ai-je pas craint de compromettre
mon caractère sacré, en prenant sur moi de
vous demander d'être bon et juste.

— Vous avez raison, Monsieur, dit le président. Je comprends les motifs qui vous ont
amené, et, vous le voyez, vos paroles m'ont
vivement ému. Malheureusement, je ne puis
arrêter le châtiment; il n'est pas dans mon
pouvoir de modifier un arrêt de la Cour d'assises.

Blanche joignit les mains.

— Monsieur, balbutia-t-elle, je ne sais ce
que vous pouvez faire pour moi; mais, je

vous en prie, soyez miséricordieux, dites-vous
que c'est moi que vous avez condamnée, et tâchez d'alléger mes souffrances.

Le président lui prit les mains, et, avec
une douceur paternelle :

— Ma pauvre enfant, répondit-il, je comprends tout. Mon rôle, dans cette affaire, a
été pénible... Aujourd'hui, je suis désespéré
de ne pouvoir vous dire : « Ne craignez rien ;
j'ai la puissance de renverser le pilori, et
vous ne serez pas attachée au poteau avec le
condamné. »

— Alors, reprit le prêtre accablé, l'exposition aura lieu prochainement... Il ne vous
est pas même permis de retarder cette scène
déplorable.

Le président s'était levé :

— Le ministre de la justice, sur la demande du procureur général, peut en faire éloigner
l'époque, dit-il vivement ; voulez-vous que
cette exposition ne se fasse que dans les derniers jours de décembre ? Je serais heureux
de vous prouver toute ma compassion et tout
mon bon vouloir.

— Oui, oui, s'écria Blanche avec ardeur.
Eloignez ce moment terrible le plus possible... Je me sentirai peut-être plus forte...

L'abbé Chastanier qui connaissait les projets de Marius, pensa que, devant la promesse
du président, il devait se retirer, sans insis-

ter davantage. Il se joignit à Blanche pour accepter l'offre qui leur était faite.

— Eh bien, c'est convenu, leur dit le président, en les accompagnant. Je vais demander et j'obtiendrai, j'en ai la conviction, que la justice n'ait son cours que dans quatre mois... Jusque-là, vivez en paix, mademoiselle. Espérez, le ciel enverra peut-être quelque soulagement à vos souffrances.

Les deux solliciteurs descendirent. Lorsque Fine les aperçut, elle courut à leur rencontre.

— Eh bien ! demanda-t-elle, haletante.

— Comme je vous le disais, répondit l'abbé Chastanier, le président ne peut empêcher l'exécution du jugement.

La bouquetière devint toute pâle.

— Mais, se hâta d'ajouter le vieux prêtre, il a promis d'intervenir pour faire reculer l'époque de l'exposition... Vous avez quatre mois devant vous pour travailler au salut du prisonnier.

Marius, malgré lui, s'était approché du groupe que formaient les jeunes filles et l'abbé. La rue, solitaire et silencieuse, blanchissait sous l'ardent soleil de midi ; de légères touffes de gazon entouraient les pavés éclatants, et, seul, un chien promenait son échine maigre dans le mince filet d'ombre qui traînait le long des maisons.

Lorsque le jeune homme entendit les paroles de l'abbé Chastanier, il s'avança d'un mouvement brusque et lui serra les mains avec effusion.

— Ah ! mon père, lui dit-il d'une voix tremblante, vous me rendez l'espérance et la foi. Depuis hier, je doutais de Dieu... Comment vous remercier, comment vous prouver ma reconnaissance ! Maintenant, je me sens un courage invincible et je suis certain de sauver mon frère.

Blanche, à la vue de Marius, avait baissé la tête. Une rougeur ardente était montée à ses joues. Elle restait là, confuse et embarrassée, souffrant horriblement de la présence de ce garçon qui connaissait son parjure et que son oncle et elle avaient plongé dans le désespoir. Le jeune homme, lorsque sa joie se fut un peu calmée, regretta de s'être approché. L'attitude désolée de Mlle de Cazalis lui faisait pitié.

— Mon frère a été bien coupable, lui dit-il enfin... Veuillez lui pardonner comme je vous pardonne moi-même.

Il ne put trouver que ces quelques paroles. Il aurait voulu lui parler de son enfant, la questionner sur le sort qui était réservé à ce pauvre être, le lui réclamer au nom de Philippe. Mais il la vit si accablée qu'il n'osa la torturer davantage.

Sans doute, Fine comprit ce qui se passait

en lui. Tandis qu'il faisait quelques pas avec
l'abbé Chastanier, elle dit à Blanche d'une
voix rapide :

— Rappelez-vous que je vous ai offert d'ê-
tre la mère de votre enfant. Maintenant, je
vous aime, je vois que vous êtes un brave
cœur... Faites un signe, et je cours à votre
aide. D'ailleurs, je veillerai, je ne veux pas
que le pauvre petit souffre de la folie de ses
parents.

Pour toute réponse, Blanche serra silen-
cieusement la main de la bouquetière. De
grosses larmes coulaient le long de ses joues.

Mlle de Cazalis et l'abbé Chastanier repar-
tirent sur-le-champ pour Marseille. Fine et
Marius coururent à la prison. Ils apprirent à
Revertégat qu'ils avaient quatre mois pour
préparer l'évasion, et le geôlier leur jura
qu'il tiendrait sa parole, quels que fussent le
jour et l'heure où ils la lui rappelleraient.

Avant de quitter Aix, les deux jeunes gens
voulurent voir Philippe, pour le mettre au
courant des évènements et lui dire d'espérer.
Le soir, à onze heures, Revertégat les introduisit de nouveau dans la cellule. Philippe,
qui commençait à s'habituer au régime de la
prison, ne leur parut pas trop abattu.

— Pourvu, leur dit-il, que vous m'évitiez
l'ignominie de l'exposition publique, je con-
sens à tout... Je préfèrerais me casser la tête

contre un mur que d'être attaché au poteau infâme.

Et, le lendemain, la diligence ramena à Marseille Marius et Fine. Ils allaient continuer sur un plus vaste théâtre la lutte où les poussait leur cœur ; ils allaient fouiller au fond des misères humaines et voir à nu les plaies d'une grande ville, livrée à tous les emportements de l'industrie moderne.

FIN DE LA PREMIÈRE PARTIE.

AVIS IMPORTANT.

Les Mystères de Marseille

sont extraits du *Messager de Provence* pour lequel ils ont été spécialement écrits, et qui en continue la publication dans tous ses numéros.

LE MESSAGER DE PROVENCE

journal politique, paraît à Marseille, rue Vacon, 21, Imprimerie Nouvelle.

Abonnements : Un an, 26 francs ; six mois, 14 francs ; trois mois, 8 francs.

MARSEILLE.— IMP. NOUV. A. ARNAUD, RUE VACON, 21.

www.ingramcontent.com/pod-product-compliance
Lightning Source LLC
Chambersburg PA
CBHW070619100426
42744CB00006B/541

* 9 7 8 2 0 1 2 6 9 6 6 3 1 *